삶에 기반이 되는 열두 가치

이장욱 저

삶에 기반이 되는 열두 가치

이장욱

크리스천이라면
어디선가 보고 들은 이야기
그럼에도 불구하고
더욱 필요한 이야기

도서출판 디자인21

추천사 1

모두 다 승리하는 삶, 성공하는 삶을 원한다. 그런데 무엇이 진정 승리의 삶이고 성공의 삶일까? 유한한 인생이 무한하신 하나님과 함께 동행하며 한 걸음 한 걸음 걸을 수 있다면 그것이야말로 승리이며 성공일 것이다. 하나님과 함께 하지 않는 엄청난 성공과 업적이 무슨 소용이 있을까? 그것은 구약 성경 전도서의 기자가 말한 대로 "허무(헤벨)"일 뿐이다.

저자는 이 책을 통해서, 삶에 기반이 되는 12가지를 소개했다. 기반이 부실한 건물이 위험하듯, 제대로 된 기반이 세워지지 않은 인생은 위험하다. 저자는 하나님 안에서 어려움과 시련도 거름이 되며, 꿈을 가지고 주님과 함께 용감히 당당히 매일을 걷는 것이야말로 진정한 승리요 성공이라고 이야기한다. 세상은 더 높아지라고, 더 소유하라고, 더 돋보이라고 얘기하지만, 우리 인생의 주인이신 하나님께서는 더욱 '나' 다우라고 말씀하신다. 주님은 우리가 우리에게 주신 달란트를 감사하면서 더욱 나 본연의 모습으로 나아갈 때 흐뭇해 하실 것이다.

이 책을 통해 나 본연의 모습을 귀히 여기면서, 주님으로부터 온 비전을 받아, 포기하지 않고 인생길을 걸어가는 독자들이 되시길 소망한다. 또한 저자의 삶의 경험에서 우러나온 정직한 고백과 책과 매스컴에서 포착한 진귀한 이야기들을 통해, 위로 받고 공감하면서 다시 한번 인생의 기초에 대해 숙고해 볼 수 있는 기회를 얻으시기를 바란다.

정회승 목사
여의도순복음동부교회 교구담당

추천사 2

하나님께서는 여러분을 사랑하십니다.
여러분을 향한 계획과 창조하신 목적이 있습니다.
우리를 위해 죽으시고 부활하신 예수 그리스도를
믿는 믿음을 가지시고 천국에 소망을 품어
주의 사랑을 받고 사랑을 베풀며 사십시오.

그 비결과 방법이 여기에 담겨 있습니다.
이 책을 통해 감사의 제목들이 넘쳐나게 될 것입니다.
이 책을 통해 은혜의 통로가 될 것입니다.
이 책을 통해 삶이 풍성하게 될 것입니다.

이 책은 하나님께서 우리에게 삶을 허락하신 이유와 목적을
평신도의 언어로 접근하기 쉽게 구성한 책입니다.
저도 말씀을 새롭게 접근하며 은혜를 크게 받았습니다.
또 기존에 알고 있는 내용과 말씀이지만 읽으면
독자의 신앙적 토양과 뿌리를 더욱 탄탄하게 해줄 것입니다.
일상을 주님의 능력으로 채우고
여러분의 앞날에 주님과 동행하기를 결단하는 모든 분들에게
이 책을 추천합니다.

김형준 목사
강릉 웨이처치 담임

차례

프롤로그

포기하라!

어? 뭐라고요? 포기하라고요? 아니 안 그래도 사람들이 많은 것을 포기해서 그것을 말리고 대책을 세우느라 난리인데 포기를 하라니요?

아니, four(4) 기하시라고요!

① 기도하며 ② 기대하고 ③ 기다리면 ④ 기적이 일어납니다. 그러니 four(4)기 하라는 뜻입니다. 제가 만든 말인데 이런 식으로 앞글자를 따서 저만의 명제, 저만의 한 줄 문장을 틈틈이 씁니다 이런 단어의 음을 따서 이야기 만들기, 이니셜로 시작하는 단어 조합하기 등을 종종하다가 "기"로 끝나는 단어 12가지를 정하게 되었습니다.

제 브런치스토리에 올리던 글을 좀 더 다듬어서 구성을 맞추고 최종 완성하게 되었습니다. 브런치스토리에 연재할 때는 '크리스천이 들은 뻔한 이야기, but 필요한 이야기'라는 큰 제목으로 시작하여 글을 썼습니다. 크리스천뿐만 아니라 크리스천이 아닌 분들도 어디선가 살면서 들었던 이야기지만 그러나 정말 필요하다고 여겨지는 내용으로 채웠습니다.

글 안에는 사전적 정의를 많이 인용했습니다. 흔히 쓰는 말이지만 보다 정확하고 바른 뜻을 알게 하도록 인터넷 검색창 어학사전 여러 곳을 적극 활용했습니다. 저도 사전을 보니 흔히 쓰는 말인데 좀 더 깊이 있고 올바른 의미를 알게 되었고 이렇게 하는 것이 중요하다고 다시금 깨닫게 되었어요. 여러분에게도 이러한 이성의 축적이 이뤄지길 바라는 마음으로 용어의 정의를 내용에 담았습니다.

사람은 살면서 올바른 필터링이 필요합니다. 색안경을 쓰면 세상의 모든 것이 색안경의 색깔대로 보이죠. 심지어 색안경이 필요할 때도 있고요. 우리가 매일 마시는 물 또한 깨끗하게 걸러져야 그 물을 안전하게 또 건강하게 마실 수 있습니다. 물이 공급될 때 세밀하고 깨끗하게 걸러주지 못한다면 우리는 그 물을 마실 수가 없죠. 그 필터가 깨끗하고 제 역할을 다해야 합니다. 그래서 우리는 보는 것도 걸러서 보고 경험도 걸러서 해야 합니다. 제가 제시한 12가지 "기"를 통해 세상을 바라보시고 필터처럼 활용하여 여러분이 겪는 모든 경험과 생각들을 걸러서 받아들이기를 바랍니다.

끝으로, 세상에서 제일 지혜롭고 성실하며 저를 사랑으로 응원도 해주는 제 아내 진숙이와 항상 즐거움과 기쁨을 전해주는 사랑하는 아들 효엘이, 아들의 형통과 평안을 위해 날마다 기도하시는 어머니이신 지헌덕 권사님, 매일 말씀과 함께하시며 쉬지 않고 기도의 단을 쌓으시는 장모님이신 이정순 권사님께 감사를 드립니다.

늘 주님과 동행하며 좋은 신앙적 영향력을 주는 제 친구 정회승 목사님과 강릉에서 재미나고 은혜가 넘치게 목회를 하는 김형준 목사님께, 언제나 반겨주시고 겸손을 배우게 해주시는 박준영 목사님께도 깊은 고마움을 전합니다. 교회를 위해서 하나님을 위해서 충성이 무엇이고 봉사가 무엇인지 알게 해주시는 김광환 장로님, 자신의 경험과 달란트를 교회를 위해 어떻게 쓸 수 있을까를 보여주시는 김명환 장로님, 섬김의 모습을 한없이 보여주시고 감사와 긍정의 신앙적 영향력을 배우게 하주시는 홍주성 장로님께도 감사를 드립니다. 가르치는 자보다 오히려 많은 깨달음과 감동을 나눠주는 수원중앙예닮학교 인디캠퍼스 친구들에게도 고마운 마음을 전합니다.

끝으로 이 모든 환경을 제가 마주할 수 있도록 인도하시며 사람들을 만날 수 있도록 함께 해주신 하나님 아버지께 감사를 드립니다. 영광을 올려드립니다.

아무쪼록 이 책을 접하는 모두에게 주님의 뜻에 한걸음 더 가까이 가길 원하며 하나님께서 주시는 은혜와 긍휼이 여러분 삶의 순간순간마다 가득하길 간절히 소망합니다.

제1장

내 경험을 바탕으로한 나만의 **이야기**

반드시 필요한 경험

인생은 만남의 역사라고 해도 과언이 아닙니다. 만남을 통해서 인생이 바뀌기도 하고 즐거움을 얻기도 하며 낙심과 슬픔을 경험하기도 하죠. 흔히 인생을 살면서 좋은 부모님을 만나는 것, 좋은 스승을 만나는 것, 좋은 배우자를 만나는 것이 중요하다고 합니다. 세상의 명언 중 '인생 성공 단십백"이란 말이 있어요. 단 한 명의 진정한 스승과 열명의 진정한 친구, 그리고 백 권의 좋은 책을 기억한다면 그 인생은 성공했다는 말입니다. 아쉽게도 저는 초등, 중등, 고등, 학원까지 되짚어 보았지만 진정한 스승은 잘 떠오르지 않네요.(대학교 교수님은 소수 몇 분 기억이 나네요.) 문화부 장관이었으며 이화여대 교수님이셨던 이어령 교수님도 "내 인생이 행복하진 않았으나 행복한 순간은 있었다."라고 말씀하셨는데 저 또한 비슷합니다. "내 인생에서 진정으로 존경하는 스승을 만난 기억은 없으나 좋은 가르침을 받은 순간은 있다."라고요. 또, 저는 친구가 많지는 않지만 정말 친한 친구는 몇 명이 있습니다. 책도 계속 읽고 있으니 백 권을 채울 수 있을 것입니다.

사람은 살면서 좋든 싫든 원하든 원하지 않든 경험을 하며 살아갑니다. 여러분이 기억하는 만남과 소중한 경험은 무엇인가요? 태어나서 죽기 전까지 반드시 필요하고 꼭 해야하는 경험은 무엇이라고 생각하나요? 아니면 지금껏 살면서 이 경험이 나에게 반드시 필요하였다고 기억되는 경험이 있다면 그것은 무엇인가요?

가장 중요한 체험은 예수님을 만나는 체험입니다. 제 기준으로 성경에서 가장 기억에 남는 하나님을 만나고 예수님을 만나는 장면은 두 곳입니다. 구약에서는 모세이고 신약에서는 바울이에요. 먼저 모세가 하나님을 만나는 장면을 살펴보겠습니다. 출애굽기 3장에서 보면 양 떼를 치던 모세는 호렙산에서 떨기나무 가운데 불꽃으로 모세에게 나타나십니다. 그리고 거기서 모세를 부르십니다.

"야훼께서 그가 보려고 돌이켜 오는 것을 보신지라
하나님이 떨기나무 가운데서
그를 불러 이르시되 모세야 모세야 하시매
그가 이르되 내가 여기 있나이다."

-출애굽기 3:4-

이후 모세의 삶은 바뀝니다. 모세는 이스라엘을 인도하는 지도자가 됩니다. 양을 치는 사람에서 한 나라의 수많은 사람들을 인도하고 지도하는 사람으로 변합니다. 그는 하나님을 만나기 전에는 소리 없이 살았습니다. 하지만 하나님을 만난 이후로 기적을 행하고 하나님의 말씀을 직접 듣습니다. 예언을 하며 이스라엘 사람들에게 말씀을 전하고 따르게 합니다. 결국 애굽으로부터 이스라엘 백성들을 구원시키죠. 또 성경의 창세기, 출애굽기, 레위기, 민수기, 신명기를 씁니다. 정말 하나님께서 크게 사용하시고 함께하시는 사람이 됩니다.

신약의 바울은 어떤가요? 사도행전 9장에 보면 사울은 다메섹으로 가는 도중 하늘로부터 빛이 비치고 땅에 엎드려집니다. 그 때 하나님께서 말씀하십니다.

"땅에 엎으러져 들으매 소리 있어 가라사대
사울아 사울아 네가 어찌하여 나를 핍박하느냐 하시거늘
대답하되 주여 뉘시오니이까 가라사대 나는 네가 핍박하는 예수라."
-사도행전 9:4,5-

본래 사울은 예수님을 전하고 만나는 사람들을 심판하던 사람이었습니다. 복음을 믿는 사람들을 감옥에 가두는 일을 하였죠. 그는 유대인이었고 로마 시민권자였으며 출신과 학문이 굉장이 뛰어난 사람이었습니다. 하지만 사울은 다메섹에서 예수님을 만난 이후로 삶이 변화하였습니다. 이 장면은 사도행전에 여러 차례 등장합니다. 이름을 바울로 바꾸고 복음을 전하는 사람이 됩니다. 교회를 세웁니다. 기적을 행합니다. 예수님을 전하는 사람이 됩니다. 신약에서 가장 많은 성경을 기록한 사람이 됩니다.

이렇듯 하나님을 만나면, 예수님을 만나면 사람이 변화합니다. 하나님의 쓰임을 받는 사람으로 변하게 됩니다. 각기 그 모양은 다릅니다. 악한 사람에서 선한 사람으로 변하기도 하고 작은 사람에서 큰 사람으로 변하기도 하죠. 가난한 사람이 부자가 되기도 하고 그 반대의 경우도 있어요. 하지만 확실한 것은 하나님의 말씀을 듣는 사람이 된다는 것입니다. 하나님의 인도하심을 받는 사람이 됩니다. 하나님과 함께하는 사람이 됩니다. 하나님과 동행하는 사람이 됩니다.

저는 권투를 배운 적이 있습니다. 운동을 많이 해본 것은 아니지만 제가 해본 운동 중에서 체력소모가 가장 큰 운동이 바로 이 권투더라고요. 한 라운드의 시간이 3분인데 이 3분이 그렇게 길게 느껴진 적은 많지 않아요. 최근보다 70년대, 80년대, 90년대에는 권투의 인기가 좋았고 권투를 하는 사람, 권투를 배우는 사람도 많았습니다. 팬도 많고 그 층도 두터웠습니다. 권투를 배우면서 권투선수들을 살펴보게 되었는데 그 중 한 사람에게 주목하게 되었습니다. 그 사람은 바로 '조지 포먼'이라는 선수에요. 그는 어린 시절 문제아였습니다. 학교에서도 싸움을 자주했고 고등학교도 졸업하지 못했습니다. 17살에 권투를 시작하여 1968년 멕시코 올림픽에서 금메달을 획득한 후 프로로 전향하여 헤비급 챔피언이 됩니다. 권투는 스텝이 많고 상·하체를 좌우, 상하로 많이 움직이며 상대의 공격을 피하고 자신의 공격을 많이 성공시켜야 하는 종목인데 조지 포먼의 권투 스타일은 아주 특이합니다. 그냥 뚜벅뚜벅 걸어가서 상대방을 한 번, 두 번 툭툭 때립니다. 그러면 상대방이 다운됩니다. 라운드를 길게 가져가지 않아요. 초반에 그런 펀치를 맞은 선수들이 얼마 지나지 않아 KO패를 당하기 때문입니다. 그는 말하는 것도 행동도 거칠었습니다. 냉혹한 승부사였습니다. 그는 무하마드 알리에게 패배한 후로 그에게 복수하기 위해 훈련을 하며 미디어를 통해 강하게 경고하기도 했어요. 하지만 지미 영이라는 선수에게 패한 후 라커룸에서 심장마비를 겪습니다. 죽기 직전의 상태에 이르렀고 그 후로 그는 완전히 다른 사람이 되었습니다. 그때 그는 하나님이 자신을 만나게 해주었고 살려주었다고 말합니다. 그는 바로 은퇴하고 목사님이 되었어요. 폭언을 하고 행동이 거칠었던 그는 친근한 사람이 되었어요. 매우 유머러스하고 활달한 사람이 되었습니다. 유쾌한 사람이 됩니다. 교회를 세우고 청소년들을 선도하기 위해 센터를 운영합니다. 모든 재산을 털어서 활동하던 중 그는 사역을 더 많이 하기 위해 40세 가까운 나이에 선수로 복귀합니다. 그의 배는 불룩하게 나왔습니다. 대중 앞에 선 그의 표정은 웃는 모습이었어요. 대중과도 가깝게 지내는 사람이 되었습니다. 그런 그가 선수로 복귀하여 수많은 경기에서 이깁니다. 결국 45세 나이로 마이클 무어러 선수를 이기고 세계 헤비급 챔피언이 됩니다. 그리곤 48세에 다시 은퇴를 하죠. 그는 바뀐 선한 이미지, 인상 좋은 얼굴로 말과 행동을 하며 강연가, 광고 모델, 사업가 등으로 활동하기 시작합니다. 그는 지금도 복음을 전하며 살고 있어요.

여러분 자신의 인생 이야기 안에 하나님을 만난 경험이 있습니까? 예수님을 만난 적이 있나요? 구약의 인물, 신약의 인물, 그리고 현대의 인물 한 명씩 하나님을 만난 사람 그래서 변화된 사람에 대해 언급했습니다. 하나님을 만나는 체험, 예수님을 만나는 체험이 우리에게 가장 필요한 체험입니다. 이 체험이 우리를 구원으로 이르게 하고 삶에 기쁨을 주며 평안을 줍니다. 그 사람은 하나님께 쓰임을 받게 됩니다. 우리가 모세처럼, 바울처럼, 조지 포먼처럼 극적으로 하나님을 만나지 못할 수도 있습니다. 하나님과 만나는 방법은 사람마다 매우 다양하고 다르기 때문이죠. 하지만 중요한 사실은 우리는 하나님을 만나서 변화된 삶을 살아야 한다는 것입니다. 여러분이 하나님을 만나서 변화되고 바뀐 삶을 살며 그 은혜된 삶을 누리시길 기도하며 응원합니다.

생각하기 그리고 내 삶을 위한 흔적 남기기

1. 지금까지 자신에게 가장 큰 영향을 준 만남은 무엇인가요?

2. 여러분은 어떤 경험이 가장 중요하다고 생각하나요?

내 삶을 채워야 할 좋은 직접경험, 간접경험

경험에는 두 가지가 있습니다. 직접경험과 간접경험이 바로 그것이죠. 겪어봐야 알게 되는 것, 그것이 바로 '경험'입니다. 경험이란 사전적 정의를 보면 "자신이 실제로 해보거나 겪어 봄. 또는 얻은 지식이나 기능", "객관적 대상에 대한 감각이나 지각 작용에 의하여 깨닫게 되는 내용"이라고 합니다.

'겪어 봄'과 '깨달음'. 이 두 가지가 위의 문장에서 다른 여타 단어들보다 좀 더 중요하다고 생각됩니다. 매개물이 없이 바로 연결되는 것은 직접경험입니다. 반면에 "중간에 매개가 되는 사람이나 사물 따위를 통하여 맺어지는 관계(네이버 어학사전)"를 통해 겪는 것은 간접경험입니다. 경험은 인생을 살면서 피할 수가 없고 내 결단과 선택에 의해 더 많아지고 다양해질 수도 있고 아니면 적어지고 좁아질 수도 있습니다. 겪어봐야 깨달음을 얻게 되고 지식이 축적되고, 나아가 활용할 수 있는 통찰력과 지혜도 생깁니다. 먹는 것으로 비유를 해봅시다. 무엇이 내 입에 맞을까요? 먹어봐야 알 수 있어요. 맛을 보아야 무엇이 맛있고 무엇이 내 몸에 잘 맞는지 안 맞는지 알 수 있기 때문에 가능하다면 맛을 많이 보아야 합니다. 먹어봐야 합니다. 그래야 알 수 있어요. 하지만 맛보지 못할 수도 있고, 맛보지 말아야 할 것들도 있습니다. 독약이나 알레르기를 일으키는 음식으로 사람이 죽기도 하니까요. 머니투데이 2018년 9월 24일 기사를 보면 실제 13살 영국의 카란비르라는 어린 아이는 친구가 던진 치즈를 몸에 맞고 쇼크를 보인 후 2주 후 사망했어요. 카란비르는 유제품에 알레르기 반응이 있는 친구였는데 구급요원이 도착했을 때는 숨을 쉬기도 어려운 상황이었다고 합니다.

위의 사례와 같이 직접경험을 하면 위험한 상황에 처할 수도 있고 죽을 수도 있습니다. '농약을 마시면 사망한다.', '청산가리를 먹으면 죽는다.'라는 사실을 알았을 때 우리는 그것을 정보로만 인지하지 직접 실천하지는 않죠. 하지만 살면서 경험은 풍부하고 많은 것이 좋습니다. 셰익스피어는 "경험은 더 이상 소중할 수 없는 선물이다."라고 말했습니다. 이보다 소중한 선물은 없다는 것입니다. 그런데 시간과 공간의 제약이 있고 여러 가지 요인으로 인해 우리의 삶을 모두 직접경험으로 채워갈 수는 없어요. 이 채워지지 않은 부분을 보완해주고 채워주는 것이 간접경험입니다.

독서신문 2014년 2월 11일 기사의 《직접경험과 간접경험》을 보면 아래와 같은 사설이 있습니다.

「어느 날 제자가 런던 브리지에 한 번도 가보지 않았다는 것을 알고는 "선생님 런던브리지가 있는 것을 아시지요?", "음 알고 있지.", "그러면 다리길이가 얼마인지 아세요?" "그거야 ○○피트지." "그럼 교각의 높이는요?" "그거야 ○○피트지.", "그럼 교각의 간격은요?", "그거야 ○○피트지." 깜짝 놀란 제자는 "선생님 어떻게 그렇게 정확하게 아시고 계십니까?"라고 했다. 그러자 칸트는 "뭐 꼭 봐야만 있다고 믿으며, 길이를 재봐야 얼마인지 아는 것이 아니라네. 난 신문에 난 것을 보고 알았다네."」

이 사설을 보면 직접경험의 한계를 넘을 수 있는 좋은 방법은 남이 경험한 것을 간접적으로 배우는 것임을 알 수 있습니다. 이것을 통해 우리는 시행착오를 줄일 수 있으며 앞사람의 실패를 똑같이 반복하지 않게 됩니다.

자신만의 경험을 토대로 깨달음을 얻고 사회와 내가 속해있는 또는 속할 공동체에 어떻게 공헌할 수 있는지가 중요한 시대가 되었습니다. 기업에서 회사에서 면접을 볼 때 스펙도 어느 정도 중요하지만 자신만의 이야기가 중요하다고 말합니다. 과거에 어떤 경험이 있고 그 경험을 토대로 우리 회사에 기여할 수 있는 계획이 무엇인지 면접관들은 궁금해합니다. 테슬라의 일론 머스크는 면접을 볼 때 그 사람의 인생 스토리를 궁금해한다고 합니다. 특히, 어떤 역경을 겪었고 그것을 어떻게 극복했는지 물어본다고 합니다. 즉, 건축을 하는 회사는 어렸을 때 건축과 관련된 어떤 경험이 있고 거기에서 무엇을 깨달았고 어떤 개선점을 찾았는지 배웠는지를 궁금해하고요, 의류와 관련된 회사는 옷에 관해, 디자인에 관해, 코디에 관해 어떤 경험이 있고 과거 어떤 사례가 있었으며 그것을 토대로 어떤 발전적인 구상을 하고 있는지를 묻습니다. 그래야 회사의 입장에서도 새로 입사한 이 사람이 오랫동안 근무할 것인지를 파악하고 어떻게 기여할 것인지를 기대하며 확신을 가져야 뽑을 수가 있게 됩니다.

간접경험의 대표적인 경험이 '독서'죠. 독서는 더 많은 지식을 습득하게 하고 사색하며 상상하게 합니다. 독서는 다양한 사람들을 만나게 하고 나로 하여금 다른 사람이 되게 하기도 하죠. 독서가 주는 유익이 여러 가지가 있겠지만 의사이자 작가인 박경철 선생님은 아래와 같이 말합니다.

「"한 사람이 책을 써서 그것을 다른 사람에게 내놓을 때는 자기가 가지고 있는 걸 다 짜낸다. 그래서 책을 읽을 때는 꼭꼭 씹어서 읽어야 한다. 내가 한 권의 책을 제대로 읽으면, 작가가 일생을 통해서 얻은 지식을 나는 단 한 권의 책을 통해 얻어갈 수 있다. 그래서 좋은 책 100권을 읽었다는 것은 100명의 사람이 평생을 걸쳐 얻은 지적 성과물을 얻는다는 것이고, 1,000권의 책을 읽었다는 것은 1,000명의 삶과 생각을 내가 받아들였다는 것이니까, 독서가 얼마나 중요한지는 더할 나위가 없다."」

-《자기혁명》, 박경철 저 中-

경제학자이자 前국무총리였던 정운찬 총장님은 "사람은 세 가지를 많이 만나야 한다. 책, 여행, 사람. 그중에서도 으뜸은 책이다. 책을 읽으면 전에는 몰랐던 세계를 접하게 되고, 호기심을 갖게 되고, 그래서 질문을 하게 된다. 이 질문 과정에서 전과 다른 생각을 하게 되고, 이것이 새로운 아이디어가 되어 창의력으로 이어진다"라고 했습니다. 저도 책을 읽으려고 노력합니다. 한 달에 10권, 많으면 15권 가량 읽습니다다. 얼마 전 연세대학교 김주환 교수님의 《회복탄력성》이라는 책을 읽었을 때 느낀 점을 세 문장으로 옮겨보면 '반갑다. 놀랍다. 새롭다.'였어요. 먼저는 기존에 제가 아는 내용을 책 속에서 만나니 반가웠습니다. 그 다음에는 그러한 사실을 재해석해서 알려주는 부분에서는 놀랐습니다. 그리고 모르는 내용을 알게 될 때는 새로웠어요.

시중에 독서의 중요성을 쓴 책도 많습니다. 독서로 인생이 변한 사람의 이야기를 담은 책도 많아요. 독서의 효과적인 방법에 대해서 쓴 책도 많고요. 어떤 책을 읽을지 너무 고민하지 마세요. 일단 조금이라도 관심이 있는 분야가 있다면 그 책을 골라서 읽기 시작하십시오. 다 읽었다면 그 책의 제목과 비슷하거나 관련이 있는 책을 읽으세요. 책에 밑줄도 하고 표시도 하고 자신의 의견을 써넣는 것도 좋습니다. 소크라테스는 “남의 책을 많이 읽어라. 남이 고생하여 얻은 지식을 아주 쉽게 내 것으로 만들 수 있고, 그것으로 자기 발전을 이룰 수 있다.”라고 했습니다. 그 책의 내용을 온전히 내 경험으로 자산으로 삼고 더 나은 경험으로 재탄생시키기 바랍니다. 윌리엄 서머셋 모옴은 “내가 책을 읽을 때 눈으로만 읽는 것 같지만 가끔식 나에게 의미가 있는 대목, 어쩌면 한 구절단이라도 우연히 발견하면 책은 나의 일부가 된다.”라고 했습니다. 이처럼 책을 통해 경험의 살을 찌우시기 바랍니다. 독서를 통해 여러분의 경험이 보다 건강하게 되길 소망합니다.

생각하기 그리고 내 삶을 위한 흔적 남기기

1. 가장 기억에 남는 직접경험과 그 이유는 무엇인가요?

2. 가장 기억에 남는 간접경험과 그 이유는 무엇인가요?

피해야 할 경험 VS 극복해야 할 경험

"피할 수 없으면 즐겨라"라는 말을 많이 들어 보았을 것입니다. 이 말은 미국의 심장 전문 의사 로버트 엘리엇(Robert S. Eliet)의 저서 《스트레스에서 건강으로, 마음의 짐을 덜고 건강한 삶을 사는 법》에서 나온 명언으로, 매사를 긍정적으로 받아들여 삶의 고통을 줄이고, 적극적으로 살라는 인생 처방전이라고 하는데, 요즘에는 좀 바뀌었습니다. "피할 수 있으면 피해라." 또는 "즐길 수 없으면 피해라."라고 개그맨 박명수님도 말했죠. 오히려 이 문장이 현대인들에게 공감이 되어 어록으로 남았습니다.

인생을 살아가다 보면 여러 가지의 일들을 겪습니다. 슬픈 일, 기쁜 일, 서운한 일, 고마운 일, 감동적인 일, 후회되는 일, 즐거운 일, 재밌는 일, 재미없는 일, 해 볼만 한 일, 어려운 일, 쉬운 일 등. 더욱이 살면서 또한 살아가면서 늘 선택의 기로에 서게 됩니다. 과연 이 일은 내가 맞닥뜨려 극복하고 이겨내야 할 일과 경험일까? 아니면 피할 수 있다면 피하고 하게 된다면 오히려 해(害)가 되는 일이 될까? 늘 선택하야 합니다.

피해야 할 일 VS 극복해야 할 일

마주하지 않는 것, 피하는 것이 오히려 지혜로운 선택이 되는 경우도 있죠.

첫 번째, 이성과의 폐쇄된 공간에서 단둘이 만나는 것은 피해야 합니다. 물론 사랑하는 사람과는 예외이지만 그렇지 않은 경우는 그런 상황을 처음부터 만들지 말아야 하며 그 순간에는 반드시 피해야 합니다.

제가 아는 대표님께서는 모르는 아주머니께서 방문하였을 때 자기 사무실의 문을 활짝 열어 놓고 평소에 자신이 앉는 자리도 아닌 다른 사람들이 잘 보이는 자리에 앉아서 이야기를 들어주는 모습을 본 적이 있습니다. 1대1로 직접 만날 수 밖에 없는 상황이 되니 그 상황을 투명하게 공개하고자 취하는 행동을 관찰할 수 있었습니다. 여러분도 만약 폐쇄 되어있는 공간, 공개되지 않는 자리에서는 이성과의 만남이 1대1로 이뤄지지 않도록 해야 하며, 만약 그런 상황에 처한다면 그 자리를 피하시기 바랍니다. 학생을 멘토링 할 때도 멘토와 멘티가 동성이 아닐 경우, 공개된 장소를 선택하여 멘토링을 진행하거나 폐쇄된 공간일 경우 문을 열어 개방하는 것이 슬기로운 행동입니다.

두 번째로 유혹이 있는 자리를 피해야 합니다.

다이어트를 하는 사람은 회식하는 자리, 야식을 먹는 자리를 피하고 관련된 전단지나 앱을 삭제하는 것이 좋습니다. “난 먹지는 않고 자리에만 있을게.”라고 말하는 사람들이 있습니까? 100% 실패합니다. 특히 술자리는 유혹의 자리입니다. 약간의 음주는 건강에도 도움이 된다고 하지만 술로 인해 건강을 찾은 사람보다는 술로 인해 건강을 해치거나 갖은 구설수와 좋지 못한 행동으로 처벌까지 받는 경우를 우리는 많이 보았고 우리는 알고 있어요. 더욱이 대한민국은 술을 권하고 2차, 3차까지 가는 암묵적인 전통(?)이 있습니다. 그 자리에 가지 마세요. 가서 좋지 않은 결과를 낳는 경우가 허다하기 때문입니다. 술의 자리를 피하지 않고 자리만 지킬 수는 없을 것입니다. 아예 가지 않는 것이 현명한 행동입니다. 술이 유혹이 된다면 술의 자리를 피하시고, 음란한 동영상이 유혹이 된다면 혼자 영상을 볼 수 있는 자리에서 벗어나십시오. 그 밖의 게임이나 도박 등이 유혹이 된다면 그런 자리에 아예 가서는 안 됩니다. 그것을 마주하여 이겨낼 수 없습니다. 피하는 것이 이기는 것입니다. 벗어나는 것이 이기는 것입니다. 유혹의 자리를 피함으로 여러분의 삶을 좋은 것으로 선한 것으로 채워가시기 바랍니다. 피해야 하는 상황과 자리는 이겨내는 것이 아니라 벗어나는 것이 지혜로운 것. 여러분의 삶과 순간에 유혹이 다가온다면 피하셔서 슬기로운 삶을 누리세요.

피하지 않고 극복해야 할 경험은 유혹거리가 아닌 다른 상황과 대면했을 경우입니다. 특히 피하고 싶고 다른 사람이 대신 해줬으면 하는 경험은, 한 번에 잘하려 하지 말고 조금씩 접근하여 극복을 해야 합니다. 능숙하게 잘할 필요는 없어요. 내 강점을 갉아먹지 않을 정도로만 평균 정도, 기본만 하는 것을 목표로 하여 접근을 시작합니다. 이 상황을 극복하여 나의 또 다른 자산으로 삼는다고 생각하고 그 생산적 감정을 기억한다면 앞으로 인생을 살아갈 때 분명 도움이 될 것입니다. 만나기 전에는 어떻게든 피하고 싶고 도망갈 방법을 찾고 싶을 것입니다. 하지만 그보다는 이 상황을 이겨내고 극복해 낸 결과에 대해 생각하고 상상하는 것이 도움이 됩니다. 극복해 낸 자신을 떠올리기, 다음에 만나도 겁내지 않을 모습을 상상하기를 할 것이 바로 그것이죠.

유혹의 상황과 자리를 피하는 지혜로운 선택을 하시고 겁나고 두려운 상황을 극복해 내는 여러분만의 이야기로 각자의 삶이 성장하고 날마다 전진해 나가길 응원합니다.

생각하기 그리고 내 삶을 위한 흔적 남기기

1. 유혹을 피하는 나만의 방법이 있다면 그것은 무엇인가요?

2. 유혹을 피하지 못해 생긴 어려움이 있다면 그것은 무엇인가요?

제2장
지금 겪는 시련과 고민은 잠시 지나갈 **소나기**

시련이 우리에게 주는 의미

시련(試鍊)이란 영어로 "ordeal"이라고 합니다. 신택철의 영어학원 이야기를 살펴봅시다. 이 단어의 어원을 찾아보면 'dealt out by the gods'라는 개념으로 '신이 인간에게 시키는 것은 매우 힘든 것'이라는 의미라고 합니다. '호된 시련, 고된 체험'이란 뜻으로 쓰이고요. 비슷한 말로는 어려움, 고난 등이 있죠. 살면서 크고 작은 또는 많고 적은 시련을 겪을 수 있습니다. 그렇지 않은 삶은 없습니다.

시련의 두 번째 사전적 의미는 "의지나 사람됨을 시험하여 봄"이라고 합니다. 중요한 사실은 시련만으로 이루어진 삶을 사는 사람은 없다는 것입니다. 저 또한 살면서 크고 작은 시련을 겪었습니다. 다른 분들이 보기에는 '그것이 무슨 시련이냐?'고 할 수도 있고 '정말 힘든 시련이었겠구나!'라고 하는 사람들도 있을 것입니다. 저는 스스로 나락에 떨어질 만큼 큰 시련은 없었다고 생각합니다. 저는 스스로 굶을 수밖에 없는 상황이 되면 끼니를 해결할 방법을 찾기보다는 그 순간과 그날을 참아내고 넘기는 성격이기도 하니까요. 어렸을 때는 여름은 더운 곳에서 겨울에는 추운 곳에서 살 수밖에 없는 날들을 지낸 적도 있었습니다. 그러나 너무 힘들다고 느끼지 않았습니다. 지나고 보니 결국 지나가더라고요. 그렇다고 오늘 그리고 내일 시련이 오지 않을 것은 아닙니다. 그러나 중요한 것은 그 시련이 영원하지 않을 것이라는 믿음과 확신이 갖는 것이죠.

제가 많이 존경하고 저에게 독서와 설교로 선한 영향력을 주신 강준민 목사님은 이런 말을 전해주셨습니다.

"사건보다 중요한 것은 사건에 대한 해석이다."

바다는 비가 와도 물이 넘치지 않지만 그릇은 비가 오면 물이 넘칠 수밖에 없습니다. 결국 비는 그칩니다. 여러분이 바다같은 성품을 갖도록 사모하며 기도하시기 바랍니다. 포용하고 담아줄 수 있는 마음의 깊이와 넓이를 소유하세요. 여러분이 시련이라 느꼈던 1년 전, 5년 전의 일들은 지금 떠올려보면 현재 그것이 계속되거나 그 당시처럼 동일하게 큰 아픔과 괴로움을 주는 경우는 거의 없습니다.

지구상에서 가장 건조한 곳으로 알려져 있는 아타카마 사막이라는 곳이 있습니다. 이곳은 남아메리카의 칠레에 북쪽에 있고 인류가 측정한 이래 한 번도 비가 내리지 않는 아주 건조한 땅입니다. 그런데 '슈퍼 엘니뇨 현상'으로 12시간 동안 7년간의 강수량에 달하는 비가 쏟아졌어요. 그리고 나니 그 땅은 온통 핑크빛으로 물들었습니다. 폭우 때문에 그곳은 꽃으로 뒤덮은 땅이 되었지요.

여러분의 심령과 속사람이 말라 있나요? 사막처럼 황폐하고 건조한가요? 하나님께서 비를 주십니다. 충분히 적셔 주실 것입니다. 꽃이 피게 됩니다. 아름다워집니다. 계속 사막이었고 앞으로도 사막일 듯한 아타카마 사막도 꽃밭이 된 것처럼 믿는 자들에게는 시련이 영원하지 않습니다.

요즘 군대에서는 유격 훈련을 하기 전에 유격 체조를 과하게 하지 않는다고 해요. 저는 2004년도에 유격훈련을 받았습니다. 사관후보생으로 총 13박 14일 동안 유격훈련을 받았습니다. 지금은 그렇게 하지 않는다고 들었는데 당시에는 유격체조를 반복구호('10회'라고 하면 마지막 숫자인 '열'은 외치지 않음) 때문에 몇 천 번씩 한 적(계속 그 숫자에 곱하기 2를 함)도 있었어요. 한 번은 체조를 하다가 조교에게 말했어요.

필자: "구토가 올라와서 못하겠습니다."

조교: "저기, 나무 그늘로 열외합니다."

실제로 먹은 것을 다 토했습니다. '아! 잠시 쉬겠구나.'라고 생각하는 순간, 조교가 말했어요. "구토 다 했으면 자리로 돌아가 체조를 합니다." 어질어질한 상태에서 다시 제자리로 돌아와 남은 횟수만큼 유격체조 중 하나인 팔 벌려 뛰기를 했습니다. 그 후에는 당시 둥글게 서서 팔굽혀 펴기 자세를 한 후 옆 동료 후보생의 양다리를 내 어깨에 올리고 내 다리를 내 옆 전우 어깨에 올린 다음 버티는 동작의 얼차려를 받은 적이 있어요. 너무나 많은 횟수의 체조를 한 다음이어서 서 있기조차 힘든 상황이었는데 정말 안타깝게도 우리 중대에서 가장 덩치가 큰 동기(190cm가량의 키에 90kg 정도의 몸무게)가 옆에 있어 그의 다리를 제 어깨에 올려야 했습니다. (당시 저는 65kg도 안 되는 몸무게의 체형이었습니다.) 많이 무거웠고 정말 힘들었습니다. 팔이 부들부들 떨리고 어깨는 찢어질 듯 아팠습니다. 있는 힘을 다해 그 시간을 버텨냈습니다. 다른 동기들도 그날 저녁 저에게 '괜찮냐?'고 안부를 물을 정도였어요. 하지만 저는 바로 다음 날 큰 위로를 받았습니다. 그 다음

훈련은 일명 '목봉체조'라는 훈련이었는데 전봇대 만한 통나무를 들어 어깨와 어깨로 팔을 이용해서 이동시키는 훈련이었습니다. 6명인가 7명이 한 그룹을 이루어서 통나무를 들고 구령에 맞추어 처음에는 허리, 다음에는 어깨, 다음에는 다른 어깨, 그리고 반대쪽 허리까지 두 팔로 옮기는 훈련입니다. 저는 양팔을 제일 높이 들어도 나무에 손이 닿지 않았어요. 저는 170cm가 안 되는 신장인데 제가 속한 그룹에는 180cm가 넘는 동기도 둘이나 있었고 나머지 동료도 저보다는 키가 훨씬 컸죠. 정말 하나도 힘들지 않았습니다. 그저 서서 팔만 움직였습니다. 들키지 않게 속으로 웃었어요. 구령과 구호는 제가 제일 크게 했습니다. 동기들은 그 훈련이 손에 꼽을 만큼 통나무는 무거웠고 몸은 힘들었다고 했습니다. 옆의 다른 동기들도 그 순간만큼은 다들 저를 부러워했습니다. 물론 유격훈련이 모두 끝난 다음에는 체력적으로 한계를 극복했다는 성취감이 아주 오래갔습니다. 야전으로 와서 소대장으로 중대장으로 복무할 때도 그 경험은 저의 큰 자산아 되었어요.

정리하면, 시련의 특징과 그것을 대할 때 마음가짐과 태도는 다음과 같습니다.

첫째, 이 시련이 결코 영원하지 않다.

둘째, 시련의 자체보다 중요한 것은 시련을 바라보는 나의 시각과 대하는 나의 태도이다.

셋째. 시련이 지나고 나면 오히려 그 시련은 나에게 유익이 되고 나를 성장케하는 거름이 되는 경우가 많다.

시련을 만났을 때 위 세 가지를 꼭 기억하세요. 여러분이 살면서 겪은 시련은 무엇인가요? 그 시련을 통해 얻은 메시지와 의미는 무엇입니까?

생각하기 그리고 내 삶을 위한 흔적 남기기

1. 나에게 있어 가장 큰 시련과 그 이유는 무엇인가요?

2. 시련을 이기고 극복하는 방법이 있다면 무엇인가요?

시련을 극복한 사람들의 공통적인 비결

"존버"라는 말을 아나요? 요즘 유독 많이 쓰이는 말이라고 합니다. "존×"라는 비속어와 "버티기"라는 말이 합쳐진 말이죠. 소설가 이외수님은 자신의 트위터에 "아직도 존버가 무슨 뜻이냐고 물으시는 분들이 많군요. 어린이가 물으면 어떤 어려움이 닥치더라도 존경받는 그날까지 버티자는 뜻이라고 대답해 드리고, 어른이 물으시면, 어떤 어려움이 닥치더라도 존×게 버티자라는 뜻이라고 대답해 드리겠습니다."라고 했다고 해요. 여러분은 존경받는 그날까지 버티는 중인가요?

일반사람들도 겪지만 운동선수들이 경험하는 '슬럼프'라는 것이 있습니다. 본연의 실력을 발휘하지 못하고 부진한 상태가 비교적 길게 계속되는 일을 말합니다. 연습과 노력을 게을리하지 않음에도 불구하고 성적이 부진하거나 실력이 드러나지 않을 때 '슬럼프에 빠졌다'라고 말하죠. 슬럼프의 빠지는 정확한 원인은 많은 체육관련 심리학자들도 밝혀내려 했지만 뚜렷한 원인은 모른다고 합니다. 다만 중요한 건 원인이 무엇이든 슬럼프는 극복할 수 있고요, 반드시 극복해야 합니다.

가수 인순이는 지금까지 19장의 앨범을 발표하고 30년간 활동한 가수입니다. 비교적 고령의 나이임에도 불구하고 전 연령대가 선호하는 가수이고 모든 장르를 소화할 수 있는 가수죠. 무대매너와 가창력, 댄스가 가능한데 그녀 또한 슬럼프가 있었다고 했습니다.

「"88년도에서 92년도까지 슬럼프가 있었다. 아무도 나를 불러주지 않을 때 내 밴드를 만들어서 야외 콘서트를 정말 많이 했다. 그때 만든 레퍼토리로 지금까지도 일하고 있다. 이어 많은 분들께 슬럼프일 때가 자신을 가장 많이 발전시킬 수 있는 소중한 시간이라고 말씀드리고 싶다"고 덧붙였다.」

-《MBN '토요포커스'》 中-

골프선수 박세리는 2004년에 겪었던 슬럼프를 언급했습니다.

「미국 진출을 하면서 기대감이 커졌다. 1등이 아니면 '부진이라고 기사가 나더라'라며 한국도 아니고 타국에서 열심히 하고 있고 타국에서도 무시를 당하고 있는데 감싸줘야할 곳에서 그러니까 갈 곳이 없었다. 그런게 "많이 섭섭하고 힘들었다"라고 말했다. "내 일상은 똑같았는데 갑자기 슬럼프가 찾아왔다"라고 말했다.

슬럼프를 극복한 계기를 회상했다. 박세리는 "그땐 부상 때문에 잠시 내려놨다"라며 "그 시간 동안 나를 재정비하는 시간을 갖게 됐다. 어떻게 시작해서 어떻게 왔지라는 생각하면서 작은 부분부터 감사하기 시작하니까 달라지더라"라고 말했다. 박세리는 2006년 LPGA에서 화려하게 재기했고 2007년 꿈에 그리던 명예의 전당에 입성했다. 박세리는 "슬럼프가 없었다면 더 성숙하지 못했을 것 같다. 힘들었지만 힘든만큼 배운 게 많았다"라며 "운동선수만 위기가 오는 게 아니다. 내 자리를 찾아가는 힘들고도 가장 긴 시간이지만 그 시간은 누구나 다 가져야 하는 시간"이라고 말했다.」

-《조선일보 2020년 10월 2일》, "2년의 슬럼프, 방향 잃었다." 中-

결국 극복하고 나면 이전의 나보다 몇 배 이상 성장한 자신을 발견케 됩니다. 내려간다고 해서 거기에 머무르는 것이 아닙니다. 그저 그것을 받아들이고 자신이 그 자리에서 할 수 있고 해야만 하는 것이 슬럼프 극복의 첫걸음이고 시작입니다.

제가 겪은 것도 슬럼프일지 모릅니다. 강의료가 10년 동안 오르지 않았어요. 그만큼 저는 발전하지 못하고 안주하고 있었는지 모릅니다. 컨텐츠 계발의 속도가 느리기 때문일 수도 있고요. 책을 출간했다는 안일한 마음 때문일 수도 있습니다. 물론 책을 출간하는 과정도 쉽지 않았어요. 출판사로부터 거절하는 메일을 수 백통씩 받았고 더 이상 원고를 보내지 말라는 출판사를 만난 적도 있어요. '얼마나 더 많은 출판사를 찾아 두드려야 할까', '내 원고를 받아주는 출판사가 있기는 할까?'라는 생각이 하루에도 수없이 스쳐 지나갔습니다. 또, 그나마 남아있는 강의와 수업이 있어 좀 더 열심을 내지 못한 것일 수도 있습니다. 저는 브런치 작가 지원도 5번이나 떨어졌습니다.(내용을 바꾸고 형식을 바꾸고 날짜까지 바꿔가며 지원하여 브런치 작가로 겨우 합격을 함.) 지금 제가 제 자리에서 이 순간 할 수 있는 것과 해야 하는 것은 강의의 퀄리티를 높이기 위해 컨텐츠 계발을 하나라도 더하려고 자료를 찾고 고민을 하는 것일 겁니다. 만나는 아이들에게 각자 맞는 내용은 무엇이며 어떤 내용을 듣게 될 것인지 귀를 열게하는 연습이 저에게 필요합니다. 제가 쓴 원고를 다시금 찬찬히 읽어보며 내용을 수정하는 것입니다. 결국어는 응답이 될 것입니다. 열매가 있을 것입니다.

자신만의 길을 자신만의 걸음으로 걸어가는 것이 슬럼프를 극복하는 방법입니다. 노래를 하는 사람이라면 노래를 연습하는 것이고 악기를 연주하는 사람이라면 연주를 연습하는 것입니다. 물론 안식이나 쉼이 필요할 순 있습니다. 하지만 그것은 전진을 위한 숨을 고르는 것이지 머물거나 멈추어 있기 위함은 아닙니다.

혹시 여러분이 슬럼프를 극복했다고 그 과정을 지나왔다고 하여 다른 사람들이 시련을 겪고 있을 때, 특히 아이들이나 자녀들에게, 청년들에게 '나도 해봤는데', '나도 해봐서 아는데'라고 쉽게 접근하지 않길 바랍니다. 다른 사람에게 그런 말을 하고 충고하기 위해서 먼저 어른이 된 것이 아닙니다. 그러라고 경험하며 세상을 배워가는 것이 아니에요. 공감은 필요하지만 공감의 반응은 굉장히 조심스럽게 해야 합니다. 만약 조언과 충고를 전할 때라면 몇 배는 더 지혜로워야 합니다. 왜냐하면 시련을 겪는 당사자가 제일 힘든 사람이기 때문이죠. 더군다나 그들에게 필요한 것은 슬럼프를 극복해온 사람들의 경험담이나 그 사람들의 가르침이 아닐 수도 있습니다. 해결책과 답을 원하지 않는 경우도 참으로 많습니다. 너무 어렵다면 차라리 그들이 시련을 겪은 후 다시 돌아올 때를 기다리십시오. 참고 기다리며 돌아올 때 엄청나게 반겨줄 준비를 하세요. 그 모습이 어떻든 상관하지 않고, 잘했다고 칭찬하며 격려할 말과 행동을 마련하십시오. 그것이 시련을 지나온, 극복해낸 사람들에게 더 기운을 돋게 하고 성장케하는 에너지가 될 것이니까요.

생각하기 그리고 내 삶을 위한 흔적 남기기

1. 내가 아는 슬럼프를 극복한 사람을 찾아봅시다.

2. 스스로 슬럼프를 극복한 사례나 극복하는 나만의 방법에 대해 써 봅시다.

평소에 키워가는 시련을 대하는 나만의 내공

시련을 극복하려면 뭔가 특별한 힘이나 대단한 지원이 있어야 극복할 수 있다고 생각하는 경우가 많습니다. 또는 과거의 아쉬운 경험과 선택에 대해서 그것이 바뀌었다면 하는 '만약'이라는 이야기를 많이 합니다. '내가 로또에 당첨된다면 이건 금방 해결되는데.', '내가 산 주식이 많이 오른다면.', '내가 그 때 수능 시험을 좀 더 잘 봤더라면' 식의 생각을 합니다. 하지만 인정해야 할 것은, '우리의 바램과 생각대로 바로 바로 이루어지지 않는다'는 것입니다. 주식이 바로 오르는 것도 아니고 금방 나의 사업이 소위 말하는 대박을 치지도 않습니다. 시험의 결과도 후회한들 바뀌지 않습니다.

이번 장에는 '꾸준함'에 대해서 쓰려고 하는데 이 키워드에 대해 쓰려니 스스로 많이 부끄럽네요. 왜냐하면 브런치에 글을 쓰는 것도 브런치 본사 측에서 제 글을 너무 오랫동안 못 보았다고 메시지도 받았거든요. 그만큼 글을 올리지 않아서요. 저도 다시금 마음을 재무장하여 이번 글을 쓰면서 '꾸준함'을 스스로 체화하려고 합니다.

언제, 어떻게 닥칠지 모를 시련을 극복하려면 어떻게 해야 할까요? 스포츠로 상황을 비추어 살펴보면 야구에서 강타자의 기준은 3할 이상을 지면 훌륭한 타자라고 합니다. 10번 타석에 서서 3번 이상만 안타 또는 홈런을 치면 된다는 이야기입니다. 장훈 선수(전설적인 일본야구 타자, 별명: 안타제조기)는 어릴 적 화상으로 손가락이 붙어버려 손이 굽어지지도 않고 펴지지도 않았지만 그는 타율 3할 이상을 위해서 하루에 300개 이상 스윙 훈련을 했다고 합니다.

즉, 평소에 아주 기본적인 훈련을 매일 매일 꾸준히 하는 것입니다. 그렇게 해도 10번 타석에 서서 10번을 모두 안타를 쳐내는 타자가 되지 않습니다. 3번 이상 치게 되어 강타자라고 불리우게 되는 것이죠. 7번은 못 친다는 이야기입니다. 그 30% 확률을 위해서 하루하루를 훈련으로 쌓고 축적하는 것이 중요하다는 것이에요. 필자가 좋아하는 NBA농구 선수, 스테판 커리(미국의 농구 선수이자 NBA 골든스테이트 워리어스의 포인트 가드, NBA 역사상 최고의 3점 슈터)라는 선수가 경기 전 연습을 하는 영상을 보면 10개면 10개 전부 골인을 합니다. 연속 성공기록이 105개가 될 정도로 엄청난 슈팅 실력을 가지고 있어요. 하지만 이 선수도 실제 경기에서는 약 43%의 성공률을 기록하는 선수입니다. 그만큼 평소 꾸준히 연습을 하였기에 실전에서 그의 반도 안 되는 성공률을 기록함에도 불구하고, 경기를 이기게 하고 승리로 이끄는 선수가 되었음을 우리는 알아야 합니다.

여러분, 평소에 훈련을 꾸준히 하세요. 물 한방울이 바위를 뚫지 못하지만 결국 바위를 뚫어내는 것은 그 물 한 방울, 한 방울의 힘입니다. 처마에서 떨어지는 낙숫물이 바위를 뚫는다고 합니다. "한 가지 일을 쉬지 않고 계속하면 언젠가는 이룬다."는 "수적석천(水適石穿)"이란 말이 있습니다. 결국, 꾸준함이 시련을 견뎌낼 힘이 됩니다. 묵묵함이 시련을 이겨낼 근간이 됩니다. 시련의 바닥을 친 순간에 그것이 다시 시작할 수 있는 힘, 다시 설 수 있는 힘이 될 것입니다. 장훈 선수가 결정적인 순간에 안타나 홈런을 칠 수 있었던 것은 매일 몇 백 번씩 휘두른 배팅 훈련이 있기에 가능한 것입니다. 스테판 커리가 경기가 끝나기 전 버저비터, 역전 3점 슛을 넣을 수 있는 비결은 평소에 몇 백개씩 3점 슛을 성공시키는 연습을 했기 때문이고요. 학교 성적도 오늘 하루 몰아서 공부한다고 해서 성적이 오르는 것이 아니죠. 오늘 60점을 받았다면 내일 65점까지 올릴 수 있도록 차근히 노력을 하는 것이 올바른 방법입니다.

저는 올해로 15년가량 강의를 한 강사입니다. 늦은 나이에 군대를 전역을 한 후 한 작은 교육회사에서 아르바이트로 시작했습니다. 당시 아르바이트와 인턴으로 시작하는 같은 신분의 사람은 많았는데 그 중 성별로 인함인지, 능력 때문인지는 알 수 없으나 주로 저는 교재를 복사하고 교보재를 옮기는 일도 많이 했습니다. 저에게 차가 있어서 제 차에 그 짐들을 실은 후 강의장까지 직접운전을 해서 가고 도착한 후 직접 교재를 나눠주었어요. 강사들이 오기 전 먼저 가서 강의장 준비를 하고 강사들의 강의가 끝나면 아이들 교재와 산출물 등을 수거했습니다. 다시 돌아온 후에는 활동했던 자료들을 늦은 밤까지 정리했고 그러면서 강의장 한쪽에서 강의를 아이들과 같이 들었습니다. 토요일은 물론이고요, 주일에 일을 할 때도 있었어요. 그렇게 훈련되고 시간이 흘렀습니다. 그런데 과정 평가에서 저만 강사 평가에서 좋지 못한 점수를 받고 잘리지만 않은 상태에서 저만 아르바이트생의 신분을 연장하게 되었습니다. 그러던 중 보조 강사의 부족으로 소그룹 아이들에게 강의하는 조그만 자리에 보조강사로 강의장에 들어가게 되었습니다. 그렇게 지나니 보조강사로 그치지 않고 나중엔 캠프의 메인강사가 되고 전체특강을 하게 되었습니다. 강사를 교육하는 강사가 되었어요. 교회에서, 학교에서도 강의를 하게 되었습니다. 점점 더 많은 곳에서 강의를 해달라는 요청을 받기 시작했습니다. 전교생을 대상으로 강의를 해달라는 초청도 받게 되었습니다. 더불어 교재를 보는 관점도 생겼고 좋은 예가 되는 산출물을 찾아내는 시선도 갖게 되었습니다. 다른 사람의 강의 내용을 참고하게 되었고 저만의 것을 만들게 되었습니다.

결국, 꾸준함이 강점이 됩니다. 묵묵함이 시련을 이겨내는 힘이 됩니다.

책을 낼 때도 그랬지만 처음에도 두 번째에도 제목 한 줄을 쓰는 것부터 시작했습니다. 매일 노트북을 켰어요. 밥을 먹으면서도 쓸 소재와 내용을 머릿속에서 지우질 않았습니다. 이면지에 이렇게도 써 보고 저렇게도 써봤어요. 순간 떠오르는 생각이 있다면 핸드폰 메모장에도 썼습니다. 키워드를 하나씩 추가하는 것으로 내용에 보탰습니다. 한 줄을 쓰려고 했고 한 줄이 안 써지면 한 단어만이라도 쓰려고 했습니다. 그것이 목차가 되었고, 제목이 되었습니다. 문장이 되고 내용이 되었습니다. 한 꼭지의 분량이 되었습니다. 그것이 반복되었고 결국 한 권의 책이 되었습니다.

현재 여러분이 하고 있는 일은 무엇이며 어떻게 최선을 다하고 있습니까? 과거에 시련을 이겨낸 사례는 무엇이며 그 방법은 어떠하였나요?

큰 건물도 벽돌 한 장에서 시작합니다. 바다도 빗물과 냇물이 모여서 이루어지게 됩니다. 한 방에 이루어지는 것은 없어요. 갑자기 채워지는 것은 없습니다. 순간에 단번에 좋아지는 것은 없습니다. 여러분이 있는 자리에서 할 수 있는 최선을 다 하시기 바랍니다. 남의 시선, 남의 환경과 자신을 비교해서 내가 모자란 것, 없는 것, 부족한 것을 바라보지 말고 내게 주어진 환경, 내가 있는 장소에서 할 수 있는 것들을 최대한 활용하고 이루어내는 것부터 시작하세요. 책상이 없으면 밥상에서 시작하고 밥상이 없으면 바닥에서 시작하고 바닥조차 없으면 낮에 밖에서 시작하고, 밤이 되면 불빛 밑에서 시작하세요. 결국에 그것들이 모여 시련을 이겨내게 하는 힘이 되게 하고 기회가 왔을 때 잡아내고 활용케 하는 큰 자산이 될 것입니다. 소나기는 멈춥니다. 소나기는 결국 지나갑니다.

생각하기 그리고 내 삶을 위한 흔적 남기기

1. 여러분은 지금 무엇(일, 노동, 직업 등)을 하고 있나요?

2. 위의 1을 위해 어떻게 최선을 다하고 있나요?

제3장

흥미와 재능을 극대화해서 내가 오를 꿈의 **꼭대기**

내가 오를 꼭대기의 출발점

많은 사람들이 꿈에 대해서 이야기를 합니다. 꿈이 있어야 한다고 강조하고요. 다만, 요즘에는 도리어 꿈에 대해서 이야기하기를 꺼려하는 경향도 있는 듯 합니다. 청소년이 싫어하는 질문 중에 '너 꿈이 뭐야?'라는 물음이라고 하더라고요. 아이러니하게 제가 썼던 4권에 책에는 모두 꿈에 대한 이야기가 담겨있습니다. 그만큼 저는 꿈이 사람에게 있어 중요하다고 생각하고 끊임없이 이야기를 전합니다. 꿈이 있어야 방향이 있고 그에 대한 생각과 마음이 생기며 나아가 행동까지 있을 수 있기 때문이죠. 그렇게 꿈이 현실이 되고 현실은 꿈이 됩니다. 꿈이 없다면 인생의 방향을 정할 수가 없고 생각과 마음을 바르게 할 수가 없으며 무의미한 행동으로 삶을 보내게 됩니다. 살아가는 목적을 알고 목표를 정해야 오늘 하루, 1분 1초를 거기에 부합되도록 알차게 보낼 수 있게 됩니다. (저는 '아직 꿈이 없어요.'라는 말에 반만 동의하고, 그 뒤에 '그래서 찾고 있어요.'라고 하면 120% 응원합니다.)

저의 아들이 막 네발자전거의 보조바퀴를 떼어내고 두발자전거를 탈 때였습니다. 8살 때 두발자전거를 처음으로 탔는데 뒤에서 잡아주고 몇 번 탄 다음에 어느 정도 균형을 잡고 탈 때 즈음, 뒤에서 잡고 있다고 이야기만 해주고 따라가기만 했지요. 그러더니 결국 두발자전거를 타게 되었습니다. 그 후 그 보조바퀴를 떼어낸 자전거가 아이의 몸이 커지면서 다소 작아져 키에 맞는 좀 더 큰 자전거를 사주기로 하였습니다. 당시 우리집에서 자전거 가게까지는 버스 정거장으로 약 두 정거장 정도 떨어진 곳에 있었습니다. 아직도 그만한 거리를 일반도로에서 타본 적 없는 아들이었지만 새 자전거를 사준다는 말에 저를 따라오기 시작했습니다. 차가 오면 멈추고 사람도 피하면서 곧잘 따라왔어요. 자전거 가게에 도착할 때까지 그동안에 안 가본 길, 처음 가본 거리에 자전거를 타고 지나오게 된 것입니다. 교차로도 있었고 건널목도 있었어요. 약간의 언덕도 있었습니다. 차도 지나다녔습니다. 유모차를 끄는 엄마도 있었고요. 날씨도 더웠습니다. 그럼에도 불구하고 저의 아들은 왜, 어떻게 처음 가본 길을 가고 또 그만큼 먼 거리를 가게 되었을까요? 그렇습니다. 새 자전거를 보러 가기 위해, 사러 가기 위한 목표가 생겼기 때문입니다. 그 자전거 가게에 자전거가 없었다면 가지 않았을 것입니다. 차를 피하는 수고도 하지 않았을 것이고 사람을 조심하는 행동도 하지 않았을 것입니다. 평소처럼 아파트 놀이터에서 조금 타는 정도로 끝났을 것입니다. 하지만 더 크고 더 좋은 자전거가 그 가게에 있다는 것이 우리 아들로 하여금 그 수고로움을 견디게 한 것입니다. 단순히 자전거를 예로 들었지만, 인생에 있어 꿈이 있다는 것도 마찬가지. 인생의 앞날에 꿈이 있어야 오늘 하루를 거기에 맞추어 보낼 수 있는 동력이 생기게 됩니다.

그 목적지, 목표점을 향하여 움직일 때 출발점과 도착점은 각 사람마다 다릅니다. 왜냐하면 사람마다 태어난 환경도 다르고, 하고자 하는 바도 다르고 이루고자 하는 바도 다르기 때문이죠. 국민MC 유재석님은

"인생의 큰 목표가 아닌 하루하루 주어진 일에 최선을 다하는 것이 전부였다"고 했습니다. "그러다 보니 여기에 이 자리에 이렇게 오게 되었다"고 했어요. 저는 그것 또한 또 하나의 꿈이라고 여깁니다. 중요한 것은 내게 주어진 환경과 시간을 허투루 쓰지 않는다는 점이죠. 남이 어떤 것을 이루었다고 해서 나도 그것을 이루어야 한다는 것은 잘못입니다. 그것은 내 꿈이 아니기 때문에 이루지 못할 확률도 높고 설령 이룬다고 하여도 그 성취감이 나에게 100% 다가오지 않습니다. 여기에서 꿈의 특징을 한 가지 발견할 수 있어요.

첫째, 꿈은 바로 '나'와 연관이 아주 깊어야 한다는 점입니다. 즉, '내가 하고 싶어 하는 것', '내가 이루고 싶어 하는 것'이어야 한다는 점이죠. 저는 장교로 군복무를 했지만 영관급 장교가 되고자 하는 마음은 하나도 없었습니다. 더욱이 장군이 되고자 하는 마음도 없었어요. 제가 소대장, 중대장을 할 때 가지고 있는 마음가짐은 대원들을 다독여서 그들이 무탈하게 전역하도록 돕는 것이었습니다. 훈련과 전투력 상승 부분은 부사관들이 잘 맡아주었습니다.(당시 우리 행보관은 50세가 넘은 나이에도 불구하고 태권도 5단에 다리가 180도로 스트레칭이 될 정도로 운동능력과 신체능력이 좋았음. 사격도 무척 잘함.) 저는 대원들의 고민과 이야기를 듣고 제가 할 수 있는 범위 내에서 그들을 돕는 역할을 했습니다. 휴가 중에 집을 방문을 한다든지, 지인들에게 면회를 오라고 부탁을 한다든지, 병원에 같이 간다든지, 외출·외박 시에 같이 가서 밥을 사거나 약간의 용돈을 주기도 했습니다. 다행히도 저는 전투근무지원 중대의 중대장이었고 부사관들의 도움을 정말 많이 받았습니다. 그렇기에 가능했고 저 또한 무사하게 전역을 했습니다. 장군이 되어 국방력 향상에 보탬이 되고 앞장서고자 하는 사람이 되려는 다른 위관급, 영관급 장교들과 달랐습니다. 그것은 그들의 목표였고 저는 그 목표에 공감하지 못했기 때문입니다. 군대는 제가 가진 꿈과 제가 가지고 있는 재능에 관련이 없었어요.

많은 사람들이 잘못 인지하는 것이 있는데 '꿈=장래희망'이라는 공식에 갇혀 있는 것입니다. 장래희망은 꿈의 한 부분이에요. 선생님 되는 것이 장래희망인대 훗날 선생님이 되었다고 꿈을 이루었으니 인생을 마감하는 것이 아니죠. 또 다른 하나는 꿈은 하나여도 되지만 여러 개여도 상관없다는 것입니다, 꿈은 남은 인생의 방향을 정해서 나아갈 수 있도록 큰 역할을 하는데 아주 사소한 것도 꿈이 될 수 있습니다. 사람들은 버킷리스트를 적고 그것을 이루었는지 그 여부를 확인합니다. 올해의 버킷리스트가 여러분의 꿈인가요? 아닙니다. 자신 꿈의 아주 일부분입니다. 꿈은 여러 개여도 상관없어요. 중요한 사실은 그것들을 하나씩 하나씩 성취를 해나갈 때 우리의 삶은 더욱 풍성해진다는 점입니다.

"푯대를 향하여 그리스도 예수 안에서 하나님이 위에서
부르신 부름의 상을 위하여 달려가노라"

-빌립보서 3장 14절-

라는 말씀이 있습니다. 여기서 만약에 푯대와 상을 생략한다면, 우리는 어디로 달려갈 수 있을까요? 분명한 것은 푯대가 있어야 방향이 서고 상이 있어야 멈추지 않고 달릴 수 있습니다.

현재 여러분이 꾸는 꿈은 무엇인가요?

그 꿈을 위해서 무엇을 하고 있으며 그동안 무엇을 하였나요?

제가 꿈꾸고자 하는 꼭대기가 다른 사람들에 비해 낮다고 낙담하지 마세요. 다른 사람들은 벌써 여러 꼭대기를 정복했다고 부러워하지 마십시오. 여러분은 여러분만의 도달해야 할 꼭대기가 있고 정점들이 있을 것입니다. 거기에 시선을 고정하고 오늘 하루를 힘차게 달려가길 기도합니다.

생각하기 그리고 내 삶을 위한 흔적 남기기

1. 현재 여러분이 꾸는 꿈은 무엇인가요?

2. 그 꿈을 위해서 무엇을 하고 있으며 그동안 무엇을 하였나요?

꼭대기(들)를 향해 올바르게 오르고 또 내려오는 방법

앞서 꿈은 '남'이 아닌 '나'와 관계가 있어야 한다고 했습니다. 자신이 바라고 원하는 것이어야 합니다. 과연 나의 '무엇'과 연관성이 있어야 할까요? 그것은 바로 자신의 '재능'과 나의 '흥미'입니다. 간단하게 결론적으로 설명을 해보자면, '노래하기'를 좋아한다면 그와 관련된 꿈을 가지는 것이 좋습니다. 무조건 가수, 성악가 직업적 꿈단을 이야기하는 것이 아닙니다. '노래하기'로 이룰 수 있는 꿈의 종류는 너무나 많아요. 뮤지컬, 보컬트레이너, 음악치료사, CCM, 동요, CM송 등. 직업은 없어지기도 하고 생겨나기도 합니다. 지금 이 순간에도 사라지는 직업이 있고 반면에 생겨나는 직업도 있습니다. 그렇기에 직업 하나로 나의 꿈을 정하기는 무리가 있죠. 하지만 흥미는 다릅니다. 흥미를 성장시켜 내가 새로운 분야를 개척해도 되고 창직(創職)을 하면 되니까요. 중요한 것은 흥미를 잃지 않고 키워나가는 것입니다. 시선을 고정해야 한다고 했는데 현재 없는 것, 새로운 것을 개척하라? 중요한 것은, 내 꿈과 내 인생의 목표들은 내가 정해야 한다는 점입니다.

한국사 강사로 유명한 최태성 선생님은 강의 도중에 "꿈은 명사가 아니라 동사여야 한다"고 말했습니다. 《역사의 쓸모》라는 책에서도 같은 이야기를 하셨어요.

「많은 친구들이 그런 얘기를 하더군요. 나의 꿈은 변호사가 되는 거에요. CEO가 되는 거에요. 좋습니다. 그런데 여러분, 착각하지 마세요. 그건 꿈이 아닙니다. 그것은 직업일 뿐입니다. 여러분의 꿈은 명사여선 안됩니다. 꿈은 동사여야 합니다. 내가 CEO가 돼서 뒤에 오는 사람들을 위해서 내가 무엇을 할 것인지 이야기할 수 있는 게 여러분의 꿈이어야 합니다. 내가 검사가 되어서 불의를 위해 무엇을 할 것인지를 이야기하는 것이 꿈이어야 합니다.」

-《역사의 쓸모》, 최태성 저 中-

동사의 꿈을 꾸는 것 중요합니다. 그 꿈은 반드시 '나'와 관련이 있어야 합니다. 본인이 재밌어하고 내가 신나는 것이어야 합니다. 누가 말려도 틈만 나면 하고 싶고 이루고 싶은 것이어야 합니다.

톨스토이는 그의 마지막 책 《살아갈 날들을 위한 공부》에서 세 가지 질문이 우리 인생의 길에서 던져야 할 질문이라고 여겨집니다.

「"나는 누구인가?", "나는 어떤 존재인가?", "인생에서 무엇을 해야하는가?", 이 세 가지는 우리모두가 인생의 길에서 던져야 할 질문이다.」

-《살아갈 날들을 위한 공부》, 톨스토이 저 中-

여기서도 주목해야 할 단어는 '나'입니다. 나만 잘되고 나만 좋아하면 된다는 식의 접근과 이야기를 하는 것이 아니라 '나의 꿈만은 내가 꾸는 것이야 한다.'는 것입니다. 많은 부모님들은 자녀들이 안정적이고 남들에게 인정받을 만한 직업과 진로를 추천하며 그것에 부합되지 않는 행동들이나 말을 하면 강압적으로 접근하게 됩니다. 공부, 과외, 학원 등을 강제로 시키게 되고요. 만약 그것과 타협하여 공부를 잘해서 소위 말하는 명문대학에 입학을 해도 자신의 흥미나 재능과 상관이 없고 나아가 꿈과도 연관성이 없어 힘들어하며 고민에 빠진 사람들을 주변에서 만나볼 수 있습니다. 또한 제목에서도 썼지만, 꼭대기는 하나만 있는 것은 아닙니다. '들' 즉, 여러 가지 '복수(複數)'입니다.

만약에 나의 흥미와 재능과 관련이 없는데 내 삶을 통해 이뤄내야 할 무언가가 있다면 그것은 꿈과 관련성은 있지만 좀 더 다른 개념인 '사명'(mission: 맡겨진 임무)로 다루어야 합니다.

오지 탐험가이며 여행가였던 한비야는 걸어서 세계를 여행하는 꿈을 꾸었습니다. 그리곤 그것을 이루고 《바람의 딸》, 《걸어서 지구 세바퀴 반 1~4권》, 《바람의 딸, 우리땅에 서다》등의 책을 썼죠. 이후 그녀는 '긴급 구호 활동가'라는 직업적 사명을 갖게 되고 활동하게 되었습니다. 하지만 이것 또한 남이 알려주거나 시킨 것이 아니라 그 출발점은 나의 깨달음, 감동에서 시작된 것임을 알 수 있습니다. 사명은 보통 자신의 흥미와 재능과 연결고리가 있으면 좋지만 그렇지 않더라도 이뤄나갈 수 있습니다. 왜냐하면, 그 뜻이 너무 간절하기 때문이죠. 다음 장에서 이야기를 다루겠지만 자신이 오를 꼭대기는 하나가 아닙니다. 여러 개일 수 있고 특성상 여러 개여야만 하거나, 평생을 통틀어 헌신하고 노력해야 하는 일일 수도 있습니다. 여러분이 각자가 좋아하고 잘하는 것을 찾아 그것을 통해 꿈을 정하고 한 걸음씩 전진하길 바랍니다. 아직 좋아하고 잘하는 것이 불확실하고 모르겠다고 해서 좌절하지 마세요. 이 땅에 내가 태어나고 살아가야 할 이유와 목적은 누구나 있습니다. 그것을 정하시기 바랍니다. 그것이 무엇이든 간에 여러분 스스로 고민하고 찾아내서 여러분에게 주어진 삶을 열매를 맺는 삶으로 만들어 가야 합니다. 허비하지 마시고 낭비하지 마세요. 여러분의 한순간 한순간은 소중합니다.

저는 재능을 발견하고 흥미를 찾는 것이 꿈을 설정하고 미래로 나아가는데 가장 중요한 것이라고 생각하고 있었습니다. 하지만 최근에는 그 생각이 조금씩 바뀌고 있어요. 저는 축구에 재능이 있더라도 재능을 극대화해서 브라질의 호나우지뉴 같은 선수가 되라고 이야기하진 않습니다. 그는 누구보다 축구를 잘했어요. 화려한 개인기와 기량으로 세계를 놀라게 했죠. 그러나 그는 팀 훈련에 1년 동안 나오지 않았고 자기관리를 철저하게 하지 못했습니다. 사생활은 문란했어요. 불성실했습니다. 그는 위조여권 사용으로 감옥에 수감되기도 했습니다.

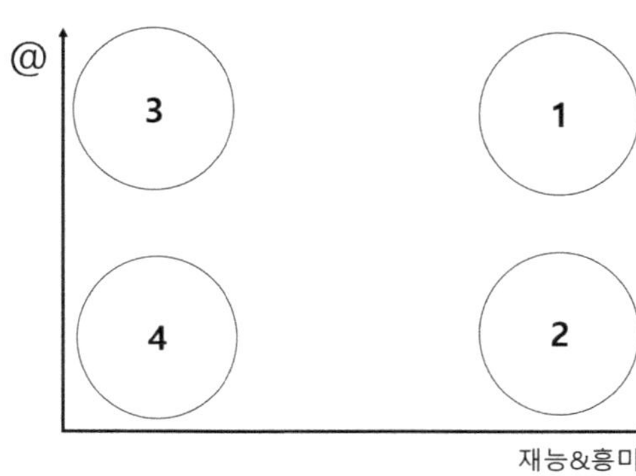

이 부분에 대해서는 위와 같은 그래프 그림을 통해 @에 내용과 그 분량이 차고 많아지게 된다면 어떻게 되는지 다음 장에서 좀 더 자세히 다뤄보도록 하겠습니다.

제가 가르쳤던 아이 중에 6학년이었던 남자아이가 있었습니다. 특별하게 하고 싶은 것도 없고 좋아하고 잘하는 것도 잘 모른다고 했어요. 하지만 자신이 이 세상에서 태어나고 이뤄야 하는 이유는 있었습니다. 많은 아이들을 만나봤다고 생각했던 저는 이 아이가 특별하고 특이했습니다. 중요한 것은 이 아이가 태어난 이유와 살아갈 목적을 위해 힘들어도 참아내며 그것을 이뤄가려고 다짐하고 결단했다는 것이에요. 비록 하고 싶은 것이 특별하지 않고 아직 발견하지 못한 아이이지만 점점 저는 그 과정에서 자신의 흥미와 재능도 발견되어 이 아이의 삶이 재밌고 신나는 일로 가득 차길 원하고 있습니다. 저는 이 아이는 임의대로 자신의 삶을 포기하거나 그만두지는 않을 것이라는 확신이 있어요. 비록 흔히 우리가 말하는 꿈은 불확실한 아이지만 살아갈 목적과 이유가 있는 이 아이가 삶 가운데 하나님의 위로와 인도하심이 있길 기도했습니다.

여러분의 인생을 누가 대신 살아주지 않습니다. 내가 찾고 내가 발견한 흥미와 재능, 나아가 사명을 이루기까지 각자가 바라는 꼭대기를 오르세요.

생각하기 그리고 내 삶을 위한 흔적 남기기

1. 그동안 내가 설정했던 목표는 무엇이고 그것을 달성한 방법은?

2. 달성하지 못했다면 그 이유와 앞으로의 대안은 무엇인가요?

또 다른 오르기, 결국 올라야 할 꼭대기들

앞서 쓴 꼭지의 재능&흥미+@ 이 공식 중 +@에 어떤 요소가 들어가는지 생각해 봅시다.

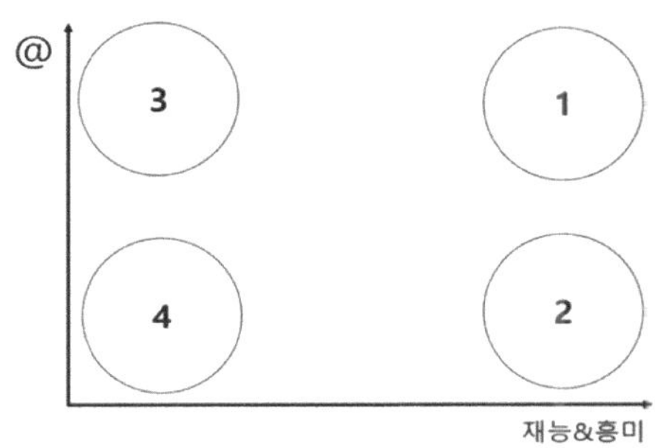

@에는 올바름, 옳음, 선함, 성실, 꾸준함, 노력, 인내, 효 등 우리가 잘 아는 좋은 가치들이 들어가야 합니다. 이것과 재능&흥미의 접점이 결합되면 '성공한 사람'을 넘어 '존경받는 사람'이 될 수 있는 것입니다.

각각의 번호를 하나씩 살펴보겠습니다. 3번은 지금도 찾아보면 볼 수 있습니다. 우리 아버지의 세대, 전쟁 후 경제상황과 개발도상국이던 대한민국의 삶을 살던 사람들을 말합니다. 제가 어렸을 때 살던 집을 예로 들면, 많은 사람들이 화장실은 밖에 있고 그 화장실을 공동으로 쓰는 집에서 살았습니다. 겨울에도 차가운 물만 나오는 집, 햇볕도 잘 안 들어오는 반지하에 모든 식구가 모여 살던 때가 있었습니다. 저만 그런 환경에서 살았던 것이 아니라 학급의 한 반에 그러한 아이들이 흔했습니다. 그 가난함을 벗어나고 좀 더 나은 환경에서 가족을 살게 하고자 아버지들은 자신의 재능과 흥미는 상관없이 일을 했습니다. 새벽의 별을 보고 일터로 나가 달을 보며 들어오며 일을 하는 생활을 했습니다. 《생활의 달인》이라는 프로그램을 보면 이러한 사람들을 종종 볼 수 있습니다. 어떤 분은 구두닦이의 달인으로 나오는 분인데 자기 자식에게는 가난을 물려주고 싶지 않아 좁은 구둣방에서 새벽부터 밤까지 구두를 닦습니다. 중간에 라면 하나를 끓여먹는 것(완전 찌그러진 냄비에 한 쪽만 나오는 휴대용 가스렌지를 이용해서)으로 식사를 합니다. 손이 구두약으로 범벅되도록 구두를 닦습니다. 부업의 달인으로 나오는 6남매의 어머니는 어린아이들을 키우고자 밤새 머리핀에 큐빅을 붙입니다. 그 후엔 자정부터 새벽까지 편의점에서 아르바이트를 하고 집에 돌아가 아침까지 쪽잠을 자고 아이들의 아침을 준비합니다. 어렸을 때부터 먹고 사는 일이 급해 그 일을 시작해서 20년, 30년 이상 되신 분들이 많아요. 그 일이 내 흥미, 재능과 연관이 크게 없어도 그들은 그 일에 정말 달인(達人)이 되었습니다. 봉투접기의 달인은 하루에 16시간 동안 봉투를 접습니다. 엄청 속도가 빠릅니다. 내 집 마련, 자녀의 학업, 자녀의 결혼 등을 바라보고 그 일을 묵묵히 꾸준히 한 사례입니다. @에 '성실', '저축', '자녀교육'에 대한 열의 등을 대입한 사례라고 볼 수 있습니다.

그러면 1번은 어떤 사람일까요? 성공한 사람을 넘어 존경받는 사람,

위인, '위대한 사람'입니다. 자신의 재능과 흥미를 극대화하여 원하는 바를 성취한 후 거기에 머무르지 않고 자신의 능력을 베풀고 재산을 나누며 사회, 나라, 세계에 사랑과 봉사 등을 베푸는 사람입니다. 《로마의 휴일》, 《티파니에서의 아침을》같은 유명한 영화를 찍은 오드리 햅번이라는 헐리우드 배우는 배우로 정점을 찍으며 활동하다가 1989년부터 세계아동기구 친선대사로 활동하며 헐벗고 굶주린 어린이들 의 구호활동에 앞장섰습니다. 그녀는 직장암으로 생을 마감하기 전까지 인생의 후반부를 아프리카 어린이들을 돕는 데 아낌없이 바쳤어요. 오드리 햅번같은 경우에는 @에 '구호활동', '베푸는 사랑'등을 넣은 것이라고 볼 수 있어요.

여러분이라면 여기에 무엇을 넣을 것인가요? 봉사, 사랑, 성실, 사명, 효, 복지, 자유, 평등, 교육 등, 무엇을 대입하여 여러븐의 인생을 채워갈 것인가요?

4번과 2번의 삶을 사는 사람에 대해선 구체적으로 쓰지 않겠습니다. 4번은 '삶에 의욕이 없는 사람'이고 2번은 '게으른 천재'같은 사람입니다. 앞서 이야기한 호나우지뉴같은 축구선수, 금메달을 딴 이후 몰락한 운동선수들이 대표적입니다. 우리는 몇 번의 사람이 되어야 할까요? 우리의 자녀들이 몇 번의 사람이 되길 바라나요?

등산할 때 내가 오르고자 하는 산의 정상에 올랐다면 다시 내려와야 합니다. 거기에 계속 머무를 순 없습니다. 아직 우리에겐 남은 인생이 있기 때문입니다. 그곳에서는 또 다른 봉우리를 찾아 떠날 마음의 준비를 하고 출발해야 합니다. 여행할 때도 도착해야 할 목적지가 있지만 그 목적지에 도착하면 곧 새로운 목적지를 정하고 출발해야 합니다. 하지만 많은 사람들이 이 부분에서 놓치는 것들이 많습니다. 그러나 우리는 꼭 기억해야 할 것이 있어요.

첫째, 꿈을 이룬 다음 후를 잘 생각하거나 준비해야 한다는 점입니다. '성취감'이란 것은 영원한 감정이 아닙니다. 목적지에 도달한 후 그 성취감에 머무르지 말아야 합니다. 올림픽에서 금메달을 목표로 했는데 은메달을 딴 선수는 다음 올림픽에서 금메달을 따려고 또 준비합니다. 훈련합니다. 하지만 금메달을 따는 것이 목표였던 선수가 그것을 이룬다면 이후에 삶에 대해 고민합니다.

「2010년 벤쿠버올림픽에서 신기록으로 금메달은 딴 김연아 선수는 당시 금메달을 딴 후 한 인터뷰에서 "지금은 나도 내 마음을 모르겠다. 조금만 더 생각할 시간을 주셨으면 좋겠다"고 말했습니다. 그만큼 벤쿠버올림픽에 집중하고 준비를 한 이유가 되기도 하지만 그 이후에 대해 또다른 꿈이나 계획이 不在였음을 엿볼 수 있습니다. 2008년 베이징 올림픽 남자 수영 자유형 400m에서 금메달을 획득했던 박태환 선수도 2009년 열린 로마 세계수영선수권대회 같은 종목에 출전해 예선 탈락한 것도 이와 비슷한 맥락에서 이유를 찾을 수 있을 것이라고 했습니다.」

-《매거진 한경》, 2010. 3. 25 "목표 달성 후 경쟁력 유지에 필수" 中-

저는 마흔 살에 첫 책을 썼습니다. 첫 책을 쓰기 위해 정말 애를 썼어요. 매일 쓰고 지우기를 반복하고 책을 출간한 다른 사람의 이야기들을 보고 들었습니다. '어떻게 하면 나도 책을 쓸 수 있을까?', '책이 출간되려면 목차는, 내용은 어떻게 해야 할까?'를 고민하며 행동으로 옮겼습니다. 여러 차례 출판사의 반려가 있었지만 결국, 저는 책을 출간했습니다. 하지만 책을 출간한 기쁨과 만족은 오래가지 않았어요. 저는 책을 낸 이후에 어떻게 활용하고 어떻게 나아갈지 구체적인 계획이 부족했던 것이죠.

두 번째, 시선을 고정하고 발걸음을 옮겨야 합니다. 다시금 푯대를 향하여 전진하는 스타트 끊기가 어렵습니다. 하지만 그럴수록 여러분은 행동과 삶의 여정을 꿈을 향한 시간과 행동으로 채워져야 합니다. 그것이 우리에게 주어진 시간을 아름답고 귀하게 사용하는 방법입니다. 과거의 영광과 만족에 시선을 돌리면 그만큼 지체되거나 시간과 에너지를 허비하게 됩니다. 성경에 보면 잘 살았던 소돔과 고모라가 멸망할 때 롯의 아내는 뒤를 돌아보았다가 소금 기둥이 되었어요.

"롯의 아내는 뒤를 돌아보았으므로 소금 기둥이 되었더라"

-창세기 19:26-

여기서 강조하고픈 말은 시선을 어디에 두고 나의 발걸음을 옮기었느냐는 것입니다. 꼭대기에서 내려올 때는 뒤를 돌아보지 않고 내려오는 것이고 시작점에서부터는 나의 시선을 꿈의 꼭대기에 두고 향해 전진하는 것입니다. 이전에 올랐던 봉우리를 다시 오를 수도 있지만 다시 오른다고 해서 처음의 만족감과 행복감을 느낄 수는 없을 것입니다. 나의 다른 재능을 확장하고 계발하여 새로운 꼭대기에, 봉우리에 도달할 수 있도록 나아가야 합니다. 처음의 마음을 다시금 회복하고 그것을 잊지 말고 새 시작을 해야 하죠. 많은 사람들이 직장생활을 힘들어하고 연인관계에서 다투며 계획을 지속적으로 지키지 못하는 이유 중 여러 가지가 있겠지만 그중 하나는 첫 마음, 즉 초심을 잃어버렸기 때문입니다. 열심히 다니려고 포부를 밝혔던 면접에 임했던 열정도 없어졌기 때문에 직장이 힘들어집니다. 연인들은 설레고 사랑했던 처음 사랑이 식었기 때문에 서로 다투게 되죠.

꿈의 성취를 위해 내딛었던 첫 걸음과 첫 마음을 간직하시고 꼭 기억하시기 바랍니다. 그 마음으로 또 시작하는 것은 어렵습니다. 하지만 그만큼 어렵기 때문에 그 의미가 더 크고 더 값진 것이죠. 우리는 초심을 잃지 말아야 한다는 이야기를 많이 하고 또 많이 듣습니다. 그것은 간절한 꿈을 가질 때 그것이 가능해집니다. 동시에 그 꿈이 자신이 원하는 꿈일 경우 간절해집니다. 그 꿈이 여러 개여도 시작할 때마다 초심을 찾고 시작할 수 있을 것입니다. 그 마음이 흔들리지 않을 것입니다. 원하는 꿈에 꼭대기에 오른 후 내려오는 것을 주저하지 마세요. 여러분 각자가 바라고 원하는 꿈들이 제가 믿는 하나님의 뜻 안에서 선한 방법으로 성취되길, 각자가 오를 꿈의 꼭대기들을 찾고 또 오르시길!

생각하기 그리고 내 삶을 위한 흔적 남기기

1. 내가 앞으로 하고 싶은 버킷리스트, 드림리스트는 무엇인가요?

2. 위의 1은 현재 어디에 어떤 흔적으로 남아있나요?

제4장

그것을 이루기 위한 주저함 없는 **용기**

두려움, 부딪혀 보면 아무것도 아니다

《록키》라는 영화를 아나요? 실베스타 스탤론이라는 배우가 주연을 맡고 1976년에 개봉한 영화입니다. 《록키Ⅰ》은 아카데미 작품상, 감독상 등을 받은 유명한 영화이고 이후로 시리즈로도 계속 나왔습니다. 비록 이후 시리즈는 Ⅰ과 같은 메시지와 좋은 평가를 받지 못했지만 지금까지도 계속 시리즈로 나오는 영화입니다. 그 중 Ⅲ을 보면 록키는 이미 챔피언이 되고 유명인사가 되었습니다. 사람들에게 인기도 많고 이전과는 다른 부와 명예를 누리는 사람이 되었어요. 하지만 클러버 랭이라는 선수가 은퇴를 하려는 록키를 향해 도발을 합니다. "나와 경기를 하지 않고 은퇴를 하는 것은 비겁하다.", "진정한 챔피언이 아니다."라고. 하지만 록키의 매니저였던 미키는 경기를 하지 않겠다고 합니다. 왜냐하면 랭이란 선수의 실력이 너무 월등하고 록키의 승산이 없다고 생각했기 때문이죠. 하지만 록키는 경기를 하기로 합니다. 이전 훈련과는 다르게 훈련합니다. 카메라 앞에 줄넘기를 하고 포즈를 취하며 화려한 훈련복을 입고 준비를 해요.(이전의 록키는 샌드백이 없어 대형 냉장고 안에서 고기를 주먹으로 치며 훈련을 했음.) 한마디로 설렁설렁하게 훈련을 합니다. 결국 랭과의 시합에서 록키는 2라운드도 버티지 못하고 패배합니다. 설상가상으로 믿고 의지했던 매니저인 미키마저 죽음을 맞습니다. 그 후 前

챔피언이었던 아폴로가 록키를 트레이너로서 도와주려고 하고 훈련을 다시 시작하지만 록키는 열심을 다하지 못합니다. 집중하지 못합니다. 훈계하는 아폴로에게 결국 훈련 도중에 큰소리로 울부짖습니다. 이렇게 외칩니다.

"나는 두려워. 랭이 무섭다고!
그와 경기하는 것이 난 지게 될까봐 겁이 난다고!!"

지는 것이 두려웠을까요? 아니요. 자기가 누리고 있고 얻게 된 것들을, 더 나아가 그 이상을 잃게 될까봐 두려웠을 것입니다. 자신이 이루고 쌓아놓은 그 결과물이 무너지거나 흔들리게 될까 봐 겁난다고 한 것입니다.

영화에서는 후반부에는 극적으로 록키가 랭을 이깁니다. 하지만 영화는 영화일 뿐. 다들 현실은 다르다고 말할 것입니다. 허나 록키만 이런 마음일까요? 사람들은 가지고 있는 것을 잃을까 두려워합니다. 시도를 못하고요, 도전하지 못합니다.

두려운 상황에 사람들의 반응은 다양합니다. 도망을 가기도 하고, 화를 내기도 합니다. 두려움에 대한 정의를 다시금 살펴봅시다. 두려움이란, "경고, 불안, 무질서에 대하여 우리의 정서 내부에서 야기되는 고통스러운 감정, 혹은 불쾌한 상황에 대한 정서적 반응"이라고 합니다. 하지만 과거의 경험에서 보면 도망을 가거나, 화를 내었던 것이 두려운 상황과 마주하고 겪어본 것보다 더 후회가 될 것입니다. 아쉬움을 낳습니다.

저도 겁이 많은 사람입니다. 새로운 것을 시도하기에 주저하는 경우도 많아요. 지금도 시도하지 못하고 어떻게 해야 할지 고민만 하는 상황이기도 합니다. 감사를 한다는 이유로 현재와 현실에 안주(安住)하기를 반복합니다. 제가 2019년 여름에 한 줄로 정리한 어록이 있어요.

"감사하되 안주하지 말고 성장하되 교만하지 말아라"

제가 다른 사람에게 할 말은 아니지만 이렇게라도 한 줄 명언(?)을 쓰면서 시도하고 도전하는 모습을 갖추고 싶습니다.

그래서 더욱이 우리 예수님께 구합니다. 이 순간 제가 고백하는 것이 감사인지 안주함에 머무는 오류인지, 새롭게 시도하는테 결단할 수 있고 결정할 수 있는 때라면 바른 결정을 하는 '지혜'를 달라고 말입니다. 이 '지혜'가 제가 구하는 최고의 가치입니다. 지혜가 있다면 두려운 상황에 앞서 올바른 선택을 할 수가 있고 선택한 후의 결과에 대해서도 받아들일 수 있기 때문입니다. 책임은 우리 주님의 몫이니까요. 이렇게 글을 쓰면서 내가 두려움을 어떻게 극복하는지, 두려움을 이겨낼 것인지 뚜렷한 답은 없습니다. 어떻게 해야 하는지 머리로만 알고 있지 그렇지 못한 삶을 살고 있으니 말입니다. 우선 두려운 상황에 앞서 솔직하게 진실되게 그 분께 고백하는 것이 필요하겠습니다. 주님께서 제가 찾아옴을 기다리고 계실테니까요.

세상에 자신에게 두려움을 주는 존재가 없는 사람은 없습니다. 그것이 다양하고 각자에게 다를 뿐입니다. 어떤 사람은 시험이, 어떤 사람에게는 돈으로 인한 빚이, 전쟁, 죽음, 질병, 이별, 사고, 문제, 가난, 벌레, 물속, 높은 곳, 외로움, 대중 앞에 서는 것 등 종류는 아주 많고 상황과 형태도 다양하다. 여러분에게 두려움을 주는 상황, 사건, 인물 등은 무엇일까요?

두려움에 대하는 방법을 3단계로 정리를 해보겠습니다.

첫 번째, '진실함'. 자신이 어떤 상황에, 누군가에게, 무엇에 등 두려운가를 진실하게 고백해야 합니다. 인정해야 합니다. 솔직해져야 합니다. 일명 센 척을 하는 것도 추천하지 않습니다. 베드로는 예수님께서 팔려가시고 고통당하실 때 솔직하지 못했습니다. 예수님처럼 핍박당할까 두려웠기 때문입니다. 예수님이 고난당하시고 외면당하고 계셨기 때문에 진실하지 못했습니다. 그래서 후회했고 그는 무척 슬퍼했습니다.

두 번째, '구함'. 우리는 하나님께 구해야 합니다. 두려움에 앞서 극복할 수 있는 힘과 방법, 도움을 줄 사람, 열리는 환경, 풀 수 있는 열쇠 등을 구해야 합니다. 우리 주님께서 가장 현명하고 좋은 방법으로 우리를 이겨낼 수 있게 해주실 것입니다.

세 번째, '행함'. 이제 행동으로 옮겨야 합니다. 마주해야 합니다. 발을 딛어야 합니다. 몸과 마음을 그곳으로 방향을 정해 들어가는 것입니다. 행동으로 옮긴 후에 상황에 따라 결과를 받아들이고 주님께 맡겨드리는 것, 많은 사람들이 앞의 두 단계를 건너뛰고 세 번째의 행함만 두려움 앞에 필요하고 중요한 것으로 여기는 경우가 많습니다. 그래서 시도하지 못하고 도전하지 못합니다. 앞의 두 단계, 진실하게 한다면, 주님께 구했다면 행하는데 주저함이 없어지거나 많이 줄어들 것입니다. 아니, 아예 사라질 것이에요.

또 어떻게 하면 두려움을 이겨내고 극복할 수 있을까요? 여러분에게 좋은 의견과 방법이 저도 궁금합니다.

생각하기 그리고 내 삶을 위한 흔적 남기기

1. 가장 두려워 하는 것은 무엇인가요?

2. 위의 것을 극복한 경험과 극복하는 방법은 무엇인가요?

무모함과 용기의 차이

두려움을 극복하고 이겨낼 때 필요한 것은 '용기'입니다. 용기란, "씩씩하고 굳센 기운, 또는 겁내지 아니하는 기개"를 뜻합니다. 여러분은 용감합니까? 여러분은 용기를 갖고 있나요? 성경에서 용기가 가장 다이나믹하게 나오는 하이라이트 장면은 어디에 있을까요? 우리가 잘 아는 다윗과 골리앗이 나오는 부분일 것입니다. 다윗의 상황을 사전적 의미에 단어 하나 하나에 대입해 보면 어떨까요?

'씩씩하다': 다윗은 누구보다 씩씩했습니다. '씩씩하다'라는 말에는 '위엄스럽다'는 의미를 포함하는데 당시 골리앗 앞에 선 이스라엘 사람 중 가장 위엄스러운 사람이 다윗이라는 것을 부정할 사람은 없을 것입니다.

'굳세다': 다윗은 힘찼습니다. 외형적으로는 튼튼해 보이지는 않지만 그의 심장은 튼튼했습니다. 뜻한 바를 굽히지 않고 밀고 나아가는 힘이 있었습니다. 사울도 그의 뜻을 굽히지 못해 그를 전장으로 내보냈으니 말입니다.

'겁내지 아니하는 기개': 무서워하는 마음이 없었습니다. 도리어 그의 기상은 씩씩했고 굳건했습니다.

기독일보 2014년 9월 28일자 박진호 목사님의 칼럼을 인용해서 보면, "다윗은 용기를 가진 사람이다. 즉, 씩씩하고 위엄스러우며 힘찬 사람이다. 그의 마음과 영혼은 튼튼하고 자신의 뜻을 굽히지 않고 밀고 나아가는 힘의 소유자이다. 무서워하는 마음은 없고 도리어 굳건한 절개, 태도를 지닌 사람이다."라고 쓰여있습니다.

"다윗이 블레셋 사람에게 이르되
너는 칼과 창과 단창으로 내게 나아 오거니와
나는 만군의 야훼의 이름 곧 네가 모욕하는 이스라엘 군대의
하나님의 이름으로 네게 나아가노라"

-사무엘상 17:45-

다윗은 골리앗을 골리앗으로 부르지 않았습니다. 그에게 골리앗은 그저 블레셋 사람 중 하나에 불과했습니다. 이름을 불러야 하는 존재조차 아니었던 거죠. 우리는 상대를 아래로 보거나 대할 때 보통 '야!' 또는 '너'라고 부릅니다. 비슷한 맥락입니다. 골리앗이 가진 무기는 칼, 창, 단창이었습니다. 하지만 다윗이 그런 것에 맞서 나아가기 위해서 단 한 가지만 언급합니다. "하나님의 이름". 이 "하나님의 이름"에 앞서 이야기한, "씩씩함, 위엄스러움, 힘참, 튼튼함, 뜻한 바를 굽히지 않음, 굳건함, 무서워하지 않음."이 넘치도록 들어가 있습니다. 하나님은 그보다 훨씬 더 크고 위대하신 분이니까요.

반면에, 용기랑 구분해야 할 어휘, 단어는 '무모함'이라고 생각합니다.

무모(無謀)라는 말은 '꾀가 없다', '사려가 없다', '신중함이 없다', '지혜가 없다'라는 것입니다. 즉, 용기에는 꾀가 있어야 하고 신중함이 있어야 하고 지혜가 있어야 한다는 말입니다. 무모하게 상대방이나 상황에 맞서서는 결코 이길 수가 없습니다. 도리어 스스로에게 큰 위기와 해를 가져올 수 있습니다. 골리앗에 맞선 다윗을 보는 이스라엘 사람들은 다윗이 무모해 보였을 것입니다. 하지만 그는 누구보다 지혜로운 사람이었어요. 신중한 사람입니다. 사려가 깊은 사람이었습니다. 왜냐하면 그는 그 모든 것을 소유한 하나님의 이름으로 나아갔기 때문입니다.

반면에 여리고성을 정복했던 이스라엘은 아이성 전투에서 패배합니다. 물론 아간의 범죄가 있었지만 이스라엘을 인도하는 여호수아의 실수 때문입니다.

"여호수아에게로 돌아와 그에게 이르되 백성을 다 올라가게 하지 말고
이삼천 명만 올라가서 아이를 치게 하소서 그들은 소수이니
모든 백성을 그리로 보내어 수고롭게 하지 마소서 하므로
백성 중 삼천 명쯤 그리로 올라갔다가 아이 사람 앞에서 도망하니"
-여호수아 7:3, 4-

여호수아는 사려깊지 못했습니다. 신중하지 않았습니다. 그 전투에서는 지혜롭지 못했습니다. 왜냐하면 승리를 통해 용기의 근원인 하나님을 배제했기 때문입니다. 그는 아이성 전투 전에 기도하지 않았습니다. 주님께 지혜를 구하지 않았어요. 신중하지 않았습니다. 과거에 승리했던 경험이 그를 무모하게 만들었습니다. 여리고 성에서 승리한 후 면밀하게 하나님

의 뜻을 끝까지 이행했는지 그는 지도자로서 진단하지 않는 과오를 저질렀습니다.

여러분, 앞선 꼭지에서 언급한 바와 같이 진실하게 하나님께 구하고 행하십시오. 그렇게 될 때 여러분이 처한 현재 골리앗의 가장 약한 부분인 이마를 보게 되는 눈이 생길 것입니다. 여러분이 가진 돌팔매의 능력이 상대의 다리나 팔, 갑옷이나 방패가 아닌 이마에 명중하게 될 것입니다. 주님과 함께해야 진짜 용기입니다. 주님의 이름으로 나아가지 않으면 그것은 무모함입니다. 하나님의 이름으로 나아갈 때 씩씩하게 됩니다. 굳세게 됩니다. 기운을 얻습니다. 겁내지 않게 됩니다. 또 신중하게 됩니다. 지혜가 있는, 꾀가 있는 행동을 하게 됩니다. 사려깊게 됩니다. 용기의 근원은 하나님이십니다.

기억하세요. 하나님을 의지할 때 하나님께서 여러분에게 용기를 주시고 그 용기를 통해 여러분이 가진 작은 능력을 크게 사용하신다는 것을.

생각하기 그리고 내 삶을 위한 흔적 남기기

1. 이전에 나의 신중하지 못하고 무모했던 일은 무엇인가요?

2. 이전에 용기를 내서 시도해서 좋은 결과를 얻은 경험은?

첫 시작은 '직면하기'부터 인줄 알았는데

지금도 금방 구글링을 하면 사람들이 무엇을 두려워하는지에 대한 조사와 그에 대한 답이 나옵니다.

2017년 3월 18일의 나우뉴스 기사를 살펴볼까요?

「시리아 내전 중이던 2015년에 난민 아동들은 '목숨을 위협하는 비행기 폭격과 폭탄'이 가장 두렵다고 하였으며 '가족을 잃는 것'이 두렵다고 답한 아이들도 15%나 되었습니다. 테러를 겪은 독일 어린이들도 '전쟁과 테러'를 가장 무서워 하는 것으로 조사되었고 아일랜드 아이들은 '전쟁과 유괴'를 꼽았습니다. 한국 아이들은 '괴물과 귀신'이라고 답했고 캐나다 어린이는 '어둠과 거미', 뉴질랜드 아이들은 '상어와 높은 곳'이라고 답했습니다.」

-《나우뉴스》 2017. 3. 18, 송혜민-

원더풀마인드에서는 '죽음', '자율성 상실', '외로움', '병에 걸리거나 불구가 되는 것에 대한 걱정', '굴욕' 이렇게 5가지를 인간은 두려워한다고 밝혔습니다. 실제 현재 지구상에서 두려움에 직면한 사람들은 아마도 전쟁 중인 우크라이나 국민들이라고 생각됩니다. 내 옆의 사람이 포탄과

총에 맞아 죽고 계속 그러한 위험에 노출이 되었을 때 두려울 것입니다.

한번은 방송에서 《꼬리에 꼬리를 무는 이야기 2》에서 '5.18 광주민주화운동'에 관한 이야기를 보았습니다. 당시 시민군이었던 한 분의 인터뷰가 기억에 남아요. "총알이 날아오고 사람이 바로 옆에서 죽어가는데 도저히 무서워서 움직일 수가 없었다." 즉, 강력한 위험과 무기들 앞에 대응하지 못하고 두려움에 떨었다는 것입니다. 반면에 저는 《오월의 청춘》이라는 드라마를 기억합니다. 거기에 보면 당시 광주에서 간호사로 일하고 있고 육상부를 하는 동생을 둔 '김명희'라는 여주인공이 나옵니다. 어느 날, 군인들이 시민들을 진압하고 총으로 죽이는 상황에 남동생이 고향에 가겠다고 사라져요. 김명희가 사랑하는 사람인 남자주인공 황희태와 그녀는 동생을 찾아 나서죠. 그러다 검문과 수색을 하던 군인에게 발각됩니다. 그 와중에 만난 남동생 혼자만 도망을 보냈는데 군인 한 명이 도망가는 동생을 향해 총을 겨눕니다. 이때, 남동생을 구하기 위해 군인이 쏘는 총을 막아서고 대신 맞아 죽게 됩니다. 무엇 때문에 그 여주인공이 총 앞을 가로막을 마음이 생기고 행동으로 옮기게 했을까요? 자기가 더 강해서? 나의 무기가 더 성능이 좋아서? 아닙니다. 우리는 잘 알죠. 동생을 사랑했기 때문입니다. 목숨보다 사랑해서 총 앞에 서는 두려움이 보이지 않게 된 것입니다.

이 꼭지를 쓸 키워드와 컨셉은 오래전 머릿속에 있었습니다. 두려움을 극복하는 첫 번째 방법은 바로 "직면(直面)"하기가 첫 단계이고 중요하다고 생각했습니다. 직면 후 차근차근 하나하나 또 '직면을 해야하는 것'이 두려움을 이겨내는 용기에 필요하고, 선행(先行)되어야 하는 것이라고 생각했습니다. 그렇게 이번 꼭지를 채우려고 했는데 그것은 저의 착각이었어요. 본래 계획은 아래와 같은 내용과 주제로 글을 쓰려고 했습니다.

흔히 사람들은 해보지 않은 새로운 일에 앞서서 어떤 준비를 할까요? 취업을 앞둔 최종면접 전에, 4년을 준비한 올림픽같은 큰 최종 경기 전, 중요한 시험 앞둔 시점 등과 같은 상황에 놓였다면 어떻게 할까요?

1. 마음을 굳게 먹고 심호흡을 크게 한다.
2. '할 수 있다'를 속으로 엄청 외치는 자성예언을 한다.
3. 기도를 드린다.

하지만 이런 내용으로 이번 "용기"에 관한 주제를 가지고 글을 쓰지 않겠습니다. 이 글을 쓰기 바로 하루 전 그 내용을 아래와 같이 바뀌었기 때문입니다.

제 아내는 놀이기구를 거의 못 탑니다. 놀이터 미끄럼틀조차 타기를 무서워합니다. 그런데 하루는 아내와 아들이 대화를 나눴습니다.

아들: 엄마! 엄마는 나 때문에 무서운 것도 탈 수 있어?
엄마: 무서운 거? 어떤 거? 탈 수 있을 거 같은데?
아들: 그럼, 번지점프도 할 수 있어?
엄마: 번지점프? 효엘이 위해서 그거야 할 수 있지.

직면보다 필요한 것은 바로 '사랑'이었습니다. 결국 사랑이 두려움을 이겨내는 용기를 담고 있는 훨씬 더 큰 가치였어요. 사랑이 있으면 이 세상의 어떤 것도 두려운 것이 없다는 의미입니다.

직면, 준비, 훈련, 자성예언, 마음가짐, 긍정적 마인드 이것들 보다 더 큰 것은 사랑입니다.

두려움을 이기기 위해 필요한 것은 '직면', '준비', '훈련', '자성예언', '마음가짐', 이런 것들 보다 '사랑'이 제일 필요하고 크다는 것을 깨달았습니다.

오늘 하루를 사랑하며 사세요. 여러분의 가족을 더욱 사랑하십시오. 지금 내가 하고 있는 일을 사랑하세요. 여러분이 보내는 시간을 사랑으로 채우세요. 나 자신을 사랑하세요. 그렇다면 결국 두려움을 이겨낼 것입니다. 두려움은 사랑으로 덮어질 것입니다. 두려움은 사랑으로 인해 사라질 것입니다.

사랑이 이깁니다. 사랑이 더 큽니다. 사랑이 더 강합니다. 사랑 안에 용기가 들어있어요. 사랑이 용기를 품고 있습니다. 하나님은 사랑이십니다. 누구보다 하나님을 사랑하십시오. 무엇보다 하나님과 함께하세요. 그러면 두려움 그것은 아무것도 아닐 것입니다.

"사랑 안에 두려움이 없고 온전한 사랑이 두려움을 내어 쫓나니
두려움에는 형벌이 있음이라 두려워하는 자는 사랑 안에서 온전히
이루지 못하였느니라"

-요한일서 4:18-

생각하기 그리고 내 삶을 위한 흔적 남기기

1. 내가 가장 사랑하는 것은 무엇인가요?

2. 두려움을 이기기 위해 사랑보다 더 큰 가치가 있나요? 있다면 무엇일까요?

제5장

도중에 그만두거나 포기하지 않을 끈기

꾸준함=실력

본래 정한 소제목이 '꾸준함이 곧 실력이다.'입니다. 근데 저는 브런치에게 메시지를 받았습니다.

"작가님의 꾸준함이 재능으로 거듭날 수 있습니다. 그렇게 쌓인 글은 책으로 탄생하기도 합니다. 작가님의 시선이 담긴 이야기를 자주 들려주세요."

따라서 끈기, 꾸준함에 대해 내가 무슨 이야기를 할 수 있을지 고민을 많이 했습니다. 한 주에 한 꼭지, 브런치 글쓰기라는 나 자신과의 약속을 지키지는 못했지만 꾸준함은 너무도 중요하고 저에게도 필요하기에 스스로를 깨우치는 마음을 담아 써보겠습니다.

'끈기'라는 말을 사전에서 찾아보니 "'끈'이란 말과 '기(氣): 활동하는 힘, 뻗어가는 기운'"이란 말이 합쳐진 말이더라고요. 풀어서 써 보면 "쉽게 단념하지 않고 끈질기게 견뎌 나가며 뻗어지는 힘"이란 뜻입니다. 많은 사람들이 이루어내려는 성과가 있고 기대하는 결과물이 있기 때문에 에너지를 쏟고 시간을 씁니다. 하지만 본인이 생각하고 예상했던 것과 다르게 성과가 더디고 결과물이 나오지 않는다면 포기하거나 단념하는 사람들이 많죠. 그렇다면 도대체 어떤 사람이 '끈기'를 가질 수 있고 그 끈기는 어떻게 갖는 것일까요?

이것에 대해 쓰려고 보니 얼마 전 "반복에 지치지 않는 자가 성취한다."라는 말을 우연히 TV에서 본 적이 있습니다. 이 말은 권투 체육관에 써있는 말이에요. 저는 아주 치열하게 노력을 하거나 죽을 만큼 애써 본 적이 스스로에게 거의 없다고 여겨져 위의 말이 저 자신에게 부끄럽게 다가왔습니다. 저 또한 끊임없이 그만두지 않고 꾸준하게 하여 나 자신에게도 부끄럽지 않고 타인에게도 선보일 만한 경험이 많지 않아요. 이번 브런치 글을 통해 저 자신을 좀 더 돌아보고 저에게도 적용해 볼 수 있는 요소들을 정리해 보고자 합니다.

요즘 제가 꾸준히 하는 것을 소개하자면 '한 달에 적게는 10권, 많게는 15권 가량의 책을 읽고 한 줄 평을 써서 SNS에 올리는 것'입니다. 책은 새 책으로 사지 않아요. 제 과거의 경험으로 보니 엄청 사람들에게 인기가 있었고 많이 읽혔던 책이라도 시간이 지나니 그 열기는 시들고 또 중고서점에서 아주 헐값에 팔리는 것을 본 적이 있습니다. 그래서 저는 중고책을 삽니다. 새 책보다는 가격이 저렴하지만 가격의 하락이 크지 않는 책을 고릅니다. 이런 책은 좀 더 사람들에게 꾸준히 읽히고 있다고 생각되기 때문입니다. 관심이 있는 분야, 끌리는 제목, 저의 강의 컨텐츠와 관련있는 키워드 등의 책을 살펴본 후 1년 150권의 목표를 세우고 책을 읽는 중입니다. 독서에 대해 또 글쓰기에 관해 SNS를 하는 사람들과 연결되어 있는데, 살펴보면 정말 깊이 읽고 많이 읽고 또 그에 대한 서평도 잘 쓰는 사람들도 많더라고요. 독서가 나를 성장시키고 그동안 이끈 가장 검증된 방법이기에 이것을 앞으로도 꾸준하게 하고 더 나은 방법으로 발전시키고 싶은 마음이 큽니다. 비록 저는 팔로워가 생각만큼 늘어나지도 않고 기존 팔로워도 많지 않지만 그래도 저 자신을 체크하고 자극하는 목적으로도 SNS공유는 계속할 생각입니다.

도움이 된다고 생각하고 하는 저의 꾸준한 행동 3가지는 이렇습니다.

1) 중고책을 여러 권 산다.
2) 그 여러 권을 읽는다.
3) 그 여러 권의 한 줄 평을 기록하고 공유한다.

'우선순위 시간관리'라는 것이 있습니다. 시간을 활용하는 방법에 대해 4가지로 구분하는 것인데 중요하지도 않고 급하지도 않은 일(4), 중요하진 않지만 급한 일(3), 중요하지만 급하지 않은 일(2), 중요하고 급한 일(1)이 그 4가지를 말합니다. 이 중 (4)는 TV시청 (특히, 재방송), 온라인 게임, 모바일 게임, 웹툰 감상, 형식적인 웹서핑, 늦잠, 등이 있어요. (3)은 밀린 과제, 숙제, 카톡 답장, (2)는 비전 찾기, 운동, 독서, 재능 발견, 하고 싶은 공부 등이 있고 (1)에는 당장 내일 중요한 시험을 앞 둔 경우 시험 준비, 응급상황이 발생했을 때 신고하기, 병원 치료, 프로젝트 발표 전 체크 등이 있습니다. 여기에 적용해 보면 우리가 끈기있게, 꾸준하게 해야 하는 것은 (2)입니다. 하지만 (2)는 급하지 않으므로 많은 사람들이 간과하게 되고 미루게 되죠. 하지만 (2)는 중요합니다. 중요하기 때문에 꼭 해야 합니다. 이것을 계속 미루다 보면 나의 인생은 (4), (3)으로 채워지게 되고 가끔씩 있는 (1)로 시간을 사용하게 되어 내 인생의 지나온 세월은 중요한 일은 하지 못한 채 지나오게 됩니다.

반면에 제가 꾸준하게 하고 싶은데 하지 못한 것은 '블로그'입니다. 잘 만들어진 블로그를 보면 좀 부럽더라고요. 저의 안주함과 게으름을 원망했습니다. 블로그를 통해 영향받고 배우고 또 저의 영향력이 전파된다면 좋을텐데, 참으로 아쉽습니다. 뭔가 탁월한 스킬과 능력이 있어야 블로그를 잘할 수 있고 누군가의 이목을 끌만큼 멋지게 꾸며 사람들의 시선과 관심을 받을 것이라 생각하여 단순하게 블로그에 글을 올리는 것만 할 줄 아는 저는 끈기있게 하지 못했습니다. 그런데 얼마 전 SNS에서만 아는 작가님의 글을 보니 그게 아니더라고요. 그 작가님은 특별한 기술과 능력이 있는 것이 아니었고 정말 꾸준하게 책을 읽고 서평만 올렸어요. 서평 하나는 정말 잘 쓰셨는데 그것만 계속 올리고 쓰는 행위를 통해 N 검색창 메인에도 소개되고 지금은 팔로워가 수천 명이 되었습니다.

꾸준함에 대해 성경 속 인물을 떠올려 보니 '노아'가 생각났습니다. 당시 의인이었고 방주를 만든 노아. 노아가 방주를 만든 시간은 자그마치 120년이었습니다. 120년간 방주를 만들었어요. 그의 꾸준함과 그의 끈기가 다시금 대단하다 여겨집니다. 하나님의 명령 하나에 그저 묵묵히 방주를 만들었던 노아가 행한 것은 하나님께서 명하신 대로 '준행'한 것입니다.

"노아가 여호와께서 자기에게 명하신 대로 다 준행하였더라"

-창세기 7:5-

'준행': "순종하여 나아가다."라는 뜻. 준행하기 위해서 꾸준하기 위해서 필요한 것은 노아처럼 하나님의 말씀을 들을 수 있는 귀, 그리고 전적으로 믿는 믿음이라고 생각합니다. 그래야 당장 성과가 보이지 않더라도 하나님으로 인해 그 말씀을 믿음으로 따라 행할 수 있기 때문입니다. 지금 기도로 하나님께 아룁니다.

"주님, 저에게 말씀해 주세요. 주님의 뜻대로 노아처럼 의심없이 그 말씀을 꾸준하게 준행하며 살길 원합니다."

생각하기 그리고 내 삶을 위한 흔적 남기기

1. 여러분이 하는 꾸준한 행동(긍정적인)은 무엇인가요?

2. 여러분이 하고 싶은 꾸준한 행동은 무엇인가요?

중요한 것은 방향

끈기를 키워드로 글을 쓰는데 이번 꼭지를 쓰는 데까지 두 달이 소요되었습니다. 아마도 그만큼 이번 키워드에 대해 이 글을 읽는 사람들에게 전해줄 직·간접 경험이나 소재가 없기 때문인 듯합니다.

가장 생산적이라고 여겨지는 끈기있다고 여겨지는 활동은 책을 쓰는 작업입니다. 또 비슷한 활동으로는 한 달에 책을 10~15권 가량 읽는 것과 점심시간마다 하는 운동(농구)입니다. 그 외 SNS를 하는 것, Youtube를 보는 것 등은 꾸준히 하는 행동이지만 비생산적인 활동이라 긍정적인 글의 소재로 활용하기는 어렵다는 점을 잘 알고 있습니다.

전에 《5성을 가진 위닝 크리스천》이라는 책의 작업을 완료하고 출판사에 넘겼을 때, 표지도 정했고 추천사도 받았습니다. 본래 좀 더 빨리 출판할 수 있었지만 그렇지 못했어요. 탁상달력에 원고 완료, 탈고 1차, 탈고 2차, 투고, 계약, 편집, 표지 정하기 등의 순서대로 날짜들을 정해 놓았으나 앞에 하나가 틀어지니 뒤의 계획들이 엉키거나 뒤로 미뤄지게 되었습니다. 충분히 변수를 고려해서 날짜들을 정해두었다고 생각했으나 그보다 더 큰 폭으로 일정이 조정되었습니다. 그래도 책을 내겠다는 하나의 점, 구체화 된 목표는 꾸준함에 대한 활동의 동기가 되었습니다. 만약 언제까지 책을 쓰고 내겠다는 구체화 된 목표가 없다면 원고를 쓰는 꾸준한 활동은 동반되기 어려웠을 것입니다. 여담이지만 책의 다섯 꼭지는 평소 가깝게 지내고 신앙적 영향을 전해주는 목사님 5명께 한 꼭지씩 부탁을 드려 채워야 했기 때문에 순수한 저의 의지로만으로 책을 완성하기 어려웠습니다. 그렇게 약속을 하고 그래도 미뤄지는 경우도 있어 몇몇 목사님들께는 중간에 연락 하여 설득하고 부담의 정도를 낮춰주는 말 등으로 원고를 쓸 수 있도록 하였습니다. 그렇게 하여 마지막 장까지 채워질 수 있었습니다.

한 점, 목적지가 정해져 있지 않다면 방향은 흐트러지기 쉽습니다. 우리 아내와 장모님은 흔히 말하는 길치인데 그들은 생소한 동네나 거리에 가면 방향을 어려워하고 상당히 혼란스러워합니다. 설명을 해주어도 이해하지 못하는 경우가 많습니다. 옆에서 관찰해보니, 실제 길과 방향에 대한 감각이 둔하거나 떨어질 수도 있지만 두 발은 계속 걸으면서 주변을 두리번 두리번 거리며 걷습니다. 중간에 주요 건물이나 표지만을 눈에 담아두는 것이 아니라 전부 같은 정보로 담아가며 걷습니다. 그렇게 계속 걷다 보면 더 모르는 동네, 길이 나오고 결국엔 길을 잃어버리더라고요. 발걸음을 옮기거나 주변을 둘러보기 전에 제가 가야 할 목적지를 어떻게 가야 할지 명확하게 확인해야 합니다. 그래야 원하는 목적지와 방향으로 바르게 갈 수 있습니다.

어떤 연예인은 지독한 길치여서 음주 측정을 같은 경찰관에게 3회나 받은 적이 있다고 했습니다. 지독한 길치인 그 사람은 길을 계속 목적지로 가는 진입로가 아닌 같은 길을 반복하여 들어가서 경찰관에게 세 번이나 음주 측정을 했다는 에피소드를 들은 적이 있어요. 3번째에는 그 경찰관이 얼굴만 보고 그냥 가라고 했다고 합니다.

보다 생산적이고 진취적인 활동을 끈기있게 하기 위해서는 명확하고 단기적으로는 달성이 가능한 목표가 있어야 합니다. 그래야 마음이 움직여 행동으로 옮길 수가 있어요. 그렇지 않고서는 비생산적이고 다소 무의미한 활동을 습관적으로 반복적으로 하며 시간을 허비하기 쉽습니다.

《5성을 가진 위닝 크리스천》이라는 책은 기존 책과는 다르게 신앙서적입니다. 크리스천으로써 신앙서적을 꼭 한번 쓰고 싶었어요. 신앙의 유산을 물려주신 부모님께 그 흔적과 증거물로 직접 쓴 신앙서적을 드리고 싶었고 그동안 살아오면서 겪은 신앙의 결과물을 확인하며 책이라는 산출물로 남기고 싶었습니다. 그리고 나아가 앞으로 어떤 신앙생활을 할지 약속과 다짐을 책으로 남기고 싶어서 썼습니다. 쓰려고 마음먹고 목차와 각각의 소재, 키워드, 에피소드, 참고자료, 근거, 성경구절 등을 찾기 위해 말 그대로 출간을 위한 꾸준함이 있었습니다.

반면 목표가 없거나 불확실할 경우, 지나치게 높을 경우 비생산적인 활동을 꾸준히 하며 방향을 잃고 시간만 허비할 수가 있습니다. 개인적으로는 무의미하고 나쁜 습관으로 휴대폰의 SNS를 꾸준히(?)본다는 것. 페이스북 영상 모음이나 인스타그램 돋보기를 누르면 나오는 연예인 신변잡기나 그다지 중요하지 않은 게시글, 그림을 보는 것입니다. 이것을 습관적으로 안 하고 싶은데 좋은 방법이나 노하우가 있다면 누군가 알려줬으면 좋겠습니다. 지금 현재로선 책을 읽거나 글을 쓸 때는 무음으로 해놓고 뒤집어 놓는 것, 멀리 어딘가에 숨겨놓는 것, 이것이 제가 찾은 방법입니다. 그래도 습관적으로 꾸준하게 휴대폰을 한다면 꺼놔야 합니다. (며칠 전에는 휴대폰 감옥을 사서 아들과 함께 넣어두고 있음.)

저는 비생산적인 활동의 꾸준함을 변화시키고 또 다른 목표를 설정하여 그것에 따른 방향을 정해 놓고 활동하겠습니다. 그곳에 시선을 고정해야 느리더라도 그 방향으로 활동하고 움직일 수 있으며 의식을 집중할 수 있을 것이니까요. 그중 하나는 한 달에 독서량을 스무 권으로 늘리는 것이며 그중 열 권 이상은 반드시 서평으로 남기는 것입니다. 책의 양은 다섯 권 가량이 늘어나야 합니다. 작년 초에 시도하다가 그만둔 서평 남기기는, 전에 읽은 책인데 나민애 교수님께서 쓰신 《책 읽고 글쓰기》에 있는 형식을 빌려 쓰고 누적하겠습니다. 이것을 통해서 강의할 때 필요한 자료로 사용하고 양념처럼 활용토록 하겠습니다.

이것에 대한 목표와 목적, 즉 방향을 정해줄 한 점은 '강의 후 좋은 피드백들을 상상하며 구체적으로 그려보는 것'부터 시작입니다.

너무나도 잘 알고 있는 성경 말씀인 빌립보서 3장 14절을 늘 상기합니다.

> "푯대를 향하여 그리스도 예수 안에서 하나님이 위에서 부르신
> 부름의 상을 위하여 좇아가노라"
>
> -빌립보서 3:14-

생각하기 그리고 내 삶을 위한 흔적 남기기

1. 여러분이 쓰고 싶은 책의 제목이나 주제가 있다면 무엇인가요??

2. 더 이상 하고 싶지 않은 꾸준한 행동은 무엇인가요?

'끈기'와 7가지 'ㄸ'을 연결 짓기

어떻게 하면 오래 참으면서 강한 자가 될 수 있을까요? 이기는 자가 되고 성취하는 자가 될 수 있을까요? 또 승리하는 자가 될 수 있을까요? 사회에서는 이런 말이 나옵니다. "이기는 자가 버티는 것이 아니라 버티는 자가 이기는 것이다.", "강한 자가 버티는 것이 아니라 버티는 자가 강한 것이다."라고요. 도대체 어떤 사람이 그러한 사람일까요? 제가 추구하는 인생의 두 번째 가치는 '평안'입니다. 어떻게 하면 평안을 누리는 사람이 될 수 있을까요? 누가, 어떤 사람이 오래 참으면서 평안을 누리는 사람일까요? 어떻게 하면 될 수 있을까요?

얼마 전 책을 읽다 보니 '뜻'이란 단어와 '때'라는 단어를 발견하여 주목하게 되었습니다. 여기에 '오래참음'과 관련 있는 말도 있으니 이번 내용을 쓰고 구성하는데 무관하지 않다고 생각합니다. 보통 이런 공식이나 명제를 선호하지 않는 사람들도 있지만 저는 이런 방식을 즐기기 때문에 한 번 구성해 보았습니다. 일명 '7ㄸ'. 매 단락에 성경구절을 써두었으니 반드시 연결해서 읽고 기억해 보세요.

첫 번째, '뜻'을 알고 정한 사람입니다. 사람이 이 세상을 살아가는 뜻은 무엇일까요? 이 땅에 보내심을 받은 '뜻'이 있다면 그것은 무엇일까요? 이 '뜻'과 관련한 한자어는 '목숨(命)'입니다. 생명할 때 그 '명', 명령할 때 그 '명'입니다. 여기서 두 가지를 언급할 수 있는데 하나는 부르심을 의미하는 'calling: 소명'이며 다른 하나는 브내심을 의미하는 'mission: 사명'입니다. 크리스천은 두 가지 전부 가지고 있는 경우도 있지만 전자만 있을 수도 있고 후자만 있을 수도 있습니다. 중요한 것은 이 명(命), 즉 '뜻'을 알아야 한다는 것이죠. 세상에 부르심이 있다면 나를 부르신 뜻, 또는 나를 세상에 보내신 '뜻'이 있다면 그 '뜻'을 아는 것입니다.

"예수 그리스도의 종 바울은 사도로 부르심을 받아
하나님의 복음을 위하여 택정함을 입었으니"

-로마서 1:1-

두 번째, '때'를 기다리며 준비하는 사람입니다. 인내(忍耐)라는 말은 "괴로움이나 어려움을 참고 견딤"으로 정의하는데 이 말은 '오래참음'이란 말과 가장 유의하거나 비슷한 말입니다. 무작정 기다리는 것이 아니라 준비하며 기다리는 것이에요. 제가 많은 성공이나 성취를 겪은 것은 아니지만 기회와 쓰임 받을 자리는 자신의 예상과 계획과는 전혀 다를 때가 있습니다. 그것이 언제인지 알 수가 없고 더 빨리 올 수도 있고 더 늦게 올 수도 있으며 갑자기 생길 수도 있고 우연히 생길 때도 있습니다. 공식과 루트를 벗어나는 경우가 의외로 많기 때문에 그 '때'가 언제인지 알 수 없으므로 항상 준비가 되어 있어야 합니다. 한 번도 경기를 뛴 적이 없는 후보 선수라 할 지라도 갑자기 중요한 경기에 투입될 수가 있습니다. 누구도 주목하지 않던 선수였지만 발탁되어 활약한 선수나 사람이 있음을 우리는 기억해야 합니다. 그리고 그것이 본인이 될 수 있음을 염두해야 합니다.

"여호와께서 너를 위하여 하늘의 아름다운 보고를 여시사
네 땅에 때를 따라 비를 내리시고
네 손으로 하는 모든 일에 복을 주시리니
네가 많은 민족에게 꾸어줄지라도 너는 꾸지 아니할 것이요"
-신명기 28:12-

세 번째, '땀'을 흘리는 사람입니다. '땀은 결코 거짓말을 하지 않는다.'라는 말을 들어본 적이 있을 것입니다. 지금은 바뀌었지만 국가대표 운동선수들이 훈련을 하던 태릉선수촌에는 "나보다 더 땀을 흘린 이가 있다면 금메달을 가져가도 좋다."라는 말이 벽면에 쓰여 있었다고 합니다. 그만큼 땀을 흘리고 훈련을 하고 연습을 해야 좋은 결과를 얻을 수 있다는 의미죠. 결코 땀을 흘리지 않고 설렁설렁 준비를 하며 치열하게 연습하지 않는다면 좋은 결과를 얻을 수가 없습니다. 그만큼 다른 것에 신경 쓰지 않고 이룰 성취와 결과에 매진한다는 뜻입니다.

네 번째 '또'하는 즉, 반복하는 사람, 연습하는 사람입니다. 이 사람에게 호불호가 있지만, 前국방부 장관이었던 김관진 장관이 최전방 부대를 방문했을 때 이런 말을 했습니다. "쏠까요? 말까요?가 아니다. 처절하게 응징한다. 언제까지? 적이 굴복할 때까지!"라고. 기도 또한 마찬가지입니다. 언제까지 기도해야 할까요? '응답이 될 때까지'입니다. 언제까지 이것을 계속해야 할까요? 이룰 때까지 반복해야 합니다. 또 해야 합니다.

참으면서 하고 기다리며 합니다. 하고 또 합니다. 마부위침(磨斧爲針)이란 말을 잘 알죠? "도끼를 갈아 바늘을 만든다"라는 말입니다. 일을 시작하면 끝까지 한다는 의미입니다. 도끼를 한 번, 두 번 갈고 난 후 도끼를 보면 똑같은 도끼입니다. 하지만 그 한 번이 두 번 되고 두 번이 세 번이 되어 반복하다 보면 어느덧 도끼의 첫 모습은 없어질 것입니다.

"기도를 계속하고 기도에 감사함으로 깨어 있으라"

-골로새서 4:2-

다섯 번째, 필요하다면 '떼'를 이룰 수 있는 사람, 함께 할 수 있는 사람입니다. 영어로 'group'을 이루는 사람을 뜻합니다. 독불장군이 아니라 협력할 줄 아는 사람, 협력을 하고픈 사람이 되는 것입니다. 그룹이 생기면 의견이 나뉠 수 있고 잡음이 생길 수 있어요. 하지만 그것을 지혜롭게 대처하여 함께 힘을 모을 수 있는 사람이 되어야 합니다. 도움을 받을 줄도 알고 도움을 줄 수 있는 사람이 되는 것이 필요합니다. 누군가를 의존한다는 뜻이 아니라 합력(合力)하는 법을 아는 사람이 되는 것입니다. 협력(協力)하는 것도 마찬가지이고요.

"오직 너희는 그리스도의 복음에 합당하게 생활하라
이는 내가 너희에게 가 보나 떠나 있으나 너희가 한마음으로 서서
한 뜻으로 복음의 신앙을 위하여 협력하는 것과"

-빌립보서 1:27-

여섯 번째, '뜀'을 뛸 수 있는 체력과 상태를 가지고 있는 사람입니다.

체력이 정말 중요합니다. 장애와 비장애를 구분하는 것이 아니라 본인이 원하는 만큼, 한계점을 극복할 만큼의 체력을 가지고 있느냐는 정말 중요합니다. 심(心)뿐만 아니라 신(身)이 건강해야, 아프지 않아야 지치지 않아야 무언가를 이뤄낼 수 있습니다. '뀜'은 단거리를 폭발적으로 발산하는 강력한 힘보다는 우직하고 끈질기게 해내는 지구력을 의미해요. 말 그대로 '오래 견디어 내는 힘'을 뜻합니다. 특히, 육아를 해보면 알겠지만 이것은 장기전입니다. 오랫동안 놀아주고 질문을 받아주고 계속해서 대응하는 사람이 육아를 잘하는 사람이죠. 다른 일도 마찬가지입니다. 꾸준함과 우직함을 이길 수 있는 카드는 세상에 없습니다.

"시험을 참는 자는 복이 있나니 이는 시련을 견디어 낸 자가
주께서 자기를 사랑하는 자들에게
약속하신 생명의 면류관을 얻을 것이기 때문이라"

-야고보서 1:12-

일곱 번째, '뜸'을 들이는 것의 원리를 알고 실천하는 사람입니다. 음식을 찌거나 삶아 익힐 때 흠씬 열을 가한 뒤 한동안 뚜껑을 열지 않고 그대로 두어 속속들이 잘 익도록 하는 일이 '뜸'입니다. 즉, '성급하지 않은 사람', '조급해 하지 않는 사람'입니다.

"부지런한 자의 경영은 풍부함에 이를 것이나
조급한 자는 궁핍함에 이를 따름이니라"

-잠언 21장 5절-

예수 그리스도 안에서 '뜻·때·땀·떼·또·뜀·뜸', 이 '7ㄸ'을 구하고 갖춘다면 승리하는 삶을 누릴 수 있을 것입니다. 도중에 그만두거나 포기하지 않을 끈기를 소유하십시오. 끈기를 갈망하십시오. '포기'도 '기'로 '끈기'도 '기'로 끝나는 단어이지만 우리가 선택해야만 하는 키워드는 '끈기'입니다.

생각하기 그리고 내 삶을 위한 흔적 남기기

1. 여러분의 삶의 원칙이나 주제를 자신의 이름 등을 이용하여 3행시로 지어 보세요.

2. 아니면 가장 핵심되는 명제나 문장, 키워드 등을 써 보세요.

제6장
나는 이 세상에 꼭 필요한 존재인 **공기**

건강한 자존감, 지켜야 할 자존심

이번 장(章)에선는 자존감과 자신감에 대해서 '나는 이 세상에 꼭 필요한 존재'라는 사실을 전제로 쓰려고 했는데 최근에 있었던 경험과 그리고 그동안 수시로 고민했던 사고의 덩어리를 연결해서 써 보겠습니다.

공기의 정의를 보면 끝 부분에 "동식물의 호흡, 소리의 전파 따위에 필수적이다."라고 쓰여 있습니다. 즉, 공기가 없다면 살 수 없다는 뜻입니다. 세상을 사는 한 사람, 한 사람이 공기처럼 흔하지만 필수적 존재라는 사실을 잊지 말고 살기 바랍니다.

세상을 살아가면서 여러 가지 일, 문제 등과 사람들을 만나게 됩니다. 이 과정이 쉽고 수월하면 좋겠지만 어려울 때도 있고 만나기 힘든 상대일 수도 있습니다. 간단하게 접근해 보겠습니다. 무언가를 시도하고 결정을 내려야 할 때 '의지력을 최대한 올리고 집중하여 이것을 해낼 것이다'라는 마음을 가지십니까? 아니면 '마음을 편하게 하자. 긴장하지 말고'라고 마음을 가지시나요?

여러분의 능력과 잠재력, 집중력 등이 힘껏 발휘되는 때는 언제입니까?

'못해도 괜찮아', '실수해도 괜찮아' 등의 이야기를 들어야 최대한 긴장하지 않으며 주눅 들지 않고 실력을 발휘하는 사람이 있습니다. 하지만 반대인 경우도 있지요. 부모나 선생님, 주변의 사람들이 나의 마음이 풀어지지 않게 강하게 잡아줘야 흐트러지지 않고 해내는 사람이 있을 수도 있습니다. 저 같은 경우, 전자(前者)에 해당됩니다. 앞의 경우여야 저는 저의 가진 능력이 10이라면 8, 9가 나옵니다. 그 반대의 경우라면 5이하로 떨어져요. 이 이야기를 하는 이유는 무조건 칭찬과 격려가 필요하다는 이야기가 아니고 또 강하게 단련되어야 더 발전할 수 있다는 이야기를 하는 게 아니라 세상을 살아가는데 있어서 가장 소중한 존재는 '나'이고 '나'가 더 빛나고 성장하기 위한 사례를 고민하는 것입니다.

보통 아이를 키우면서 '우리 아이가 말을 안 들어요.'하는 이야기를 종종 들어보았을 것입니다. 학교 다닐 때는 '학교가서 선생님 하시는 말씀 잘 듣고 와', 군대에서도 '시키는 대로만 해'라는 말도 많이 들었을 것입니다. 여기에서 보면 기준과 초점이 '말을 듣는 사람이 잘해야 한다는 것'이 바탕으로 깔려 있습니다. 상대방이 어떻게 이야기를 하던지, 어떤 방식으로 말을 하던지 간에 듣는 사람이 잘하라고 합니다. 하지만 이것이 전부 다 맞는 공식이나 진리는 아닙니다. 듣는 우리도 고려를 해줘야 합니다. 그런데 상대방이 나에게 함부로 하거나 나의 방식, 스타일과 맞지 않는다면 같이 함께 있는 것 자체가 곤욕이고 스트레스 일 것입니다.

부모도 어떻게 보면 리더입니다. 선생님도 리더이고 운동경기에서 볼 수 있는 감독도 리더입니다. 군대에서 분대장, 소대장, 중대장 그 이상의 간부들도 리더이고 회사에서 사장도 리더입니다. 리더가 화를 크게 낸다?

제 기준으로는 화를 크게 내어야 하는 순간은 '자동차 같은 것이 급하게 와서 사고가 날 상황'이거나 '불이 났을 때'라고 생각합니다.

부모가 화를 내는 이유는 아이가 내 말을 안 들어서가 아니라 아이의 행동이나 말이 수정될 수 있도록 알려줘야 하는데 그것이 힘들기 때문입니다. 양육의 방법 중 가장 대표적인 방법이 반복인데 부모가 반복하기가 너무 힘들어서 화를 냅니다. 그 반복의 방법이 단순하면 아이가 지루해하죠. 부모가 다양하게 아이의 집중과 흥미를 이끌어 낼 노하우가 적고 그 노하우를 풍부하게 할 노력과 공부가 부족하기 때문입니다. 빨리 성과를 내려고 하고 가르친 것에 대해서 금방 숙지시키려고 하는 것은 지양해야 합니다. 아이의 이야기도 듣고 반응도 살펴야 합니다. 팔로워, 따르는 사람들의 이야기도 들어야 합니다. 느낌, 감정, 의견, 컨디션의 상태 등, 그렇게 여러 가지 방법으로 반복한다면 그 일과 그 과정과 그 숙제에 대해 좋은 감성을 가질 수 있습니다.

여러 차례 밝혔지만 저는 운동 중 '농구'를 가장 좋아합니다. 보는 것도 좋아하고 하는 것도 좋아합니다. 그래서 그런지 우리 아들도 '농구'를 접할 기회가 많아요. 농구를 같은 아카데미에서 초등반 성인반으로 등록하여 배우기도 했습니다. 당시 제가 이 아카데미를 선택한 이유는 원장님과 코치님이 친절해서입니다. 이게 가장 큰 이유였어요. 재밌고 신나게 그리고 친절하게 농구를 아이들에게 가르쳐 주었기 때문입니다. 그런데 하루는 제가 성인반 픽업 게임을 가게 되었어요. 거기서 원장님이 특별히 훈련시키는 학생들과 같이하게 되었습니다. 이 학생들은 제2의, 제3의 자신과 같은 농구 코치로 훈련시키는 아이들인데 이 아이들에게는 매우 매섭고 강하게 하더라고요. 살짝 이야기를 물어 들어 보니 "운동은 하드하게 배우고 익혀야 한다."라고 했습니다. 기저(基底)에 깔려있는 가치관이 '이겨내야 한다.', '극복해야 한다.', '강하게 커야 한다.'였습니다. 경기중 실수를 하니 어찌나 무섭고 호되게 하던지, 그래서 저는 저와 제 아들이 코치로 키움을 받는 학생이 아니어서 다행이라고 생각했습니다.

'반드시 해내고야 말겠다.', '내가 이것을 배울 때 얼마나 많이 혼이 났는데, 너도 이겨내라.'라는 의지적 감성도 있지만 반면에 '이것을 할 때 너무 즐겁고 행복해.', '배울 때 재밌었어'라는 락(樂)적 감성이 더 클 수도 있습니다. 나그네의 외투를 벗게 한 것은 바람이 아니라 햇님이었다는 것을 기억하세요.

저 같은 경우, "의지〈〈〈〈〈〈〈〈〈〈〈〈〈〈〈〈〈〈〈〈〈〈〈〈〈〈〈〈〈〈〈〈즐거움"입니다.

얼마 전까지만 해도 이 공식이 우리 사회에 학교, 교육기관, 스포츠, 기업 등에 더욱 필요하다고 생각했습니다. 하지만 다른 사람에게는 또다른 '의지적 성취, 극복'이 더 상위 감성일 수가 있을 것입니다. 즉, 사람마다 다르다는 점입니다.

무엇보다 중요한 것은 아래와 같습니다. 가르침, 충고, 시범, 조언, 멘토링 등 이 모든 것의 시작점이 아이, 학생이어야 한다는 것이죠. 그들에게 알맞은 방법이 무엇인지 알고 접근해야 한다는 점입니다. 선생님, 코치, 감독, 부모의 기준으로 시작하게 되면 그건 벌써 핵심과 중심이 나이기 때문에 이것이 서로 맞지 않을 때 성과가 나오기 어렵습니다. 상처가

남습니다.

가장 필요한 것은 상황에 따라 올바르게 적용하는 분별력과 판단력인 '지혜'입니다. 상대방에게 중심과 기준을 두고 시작해야 합니다. 접근합니다. 그에게 맞는 전달법과 방식이 너무나도 중요합니다. 가르침과 훈련의 시작점이 누가 되느냐, 그 사람에게 알맞은 것으로 시작하고 시기와 때 환경에 따라 달라져야 합니다. 그래야 "있는 모습 그대로의 긍정"을 의미하는 '자존감'도 안 다치고 단단해질 수 있고, "경쟁 속에서 긍정"을 뜻하는 '자존심'도 지킬 수가 있으며 "어떠한 것을 할 수 있다거나 경기에서 이길 수 있다 혹은 경기를 잘할 수 있다."는 '자신감'도 흔들리지 않게 소유할 수 있습니다.

생각하기 그리고 내 삶을 위한 흔적 남기기

1. 여러분의 능력과 잠재력, 집중력 등이 힘껏 발휘되는 때는 언제입니까?

2. 가장 자신있는 것은 무엇이며 어떤 상황에서 극대화되는지 적어보세요.

나는 세상의 유일한 작품

한참 오래전에 브런치 측에게 메시지를 받았습니다.

'작가님 글이 보고 싶습니다. 무려 60일 동안 못 보았네요. 지금도 다양한 작가들이 브런치를 통해 책 출간을 하고 다양한 기회를 만나고 있어요, 작가님도 동참하시겠어요?' 이게 작년 9월입니다. 그러고도 한참이 지나서 또 브런치 측에서 메시지를 주셨어요

'작가님의 요즘 관심사는 무엇인가요? 오늘은 일상에서 느낀 감정과 생각을 차분하게 글로 정리하는 브런치 타임을 가져보세요.'

60일이 지났다는 메시지를 듣고 쓴 글이 있었는데 시간이 지나고 보니 그 파일이 어디 있는지 도무지 찾을 수가 없네요. 브런치 측에 이야기를 하소연하고 싶습니다. 저도 동참하고 싶고 저도 다양한 기회를 만나고 싶다고요. 브런치에서도 독자들의 관심사는 일상에서 느낀 감정과 공감되는 평소의 일들을 담담하게 풀어낸 글인데 저도 그런 글을 쓰고 싶습니다. 다만, 목차는 한참 전에 소제목까지 정해 놓았고 이것 또한 정말 중요한 내용이기에 이번 꼭지에서는 '나'와 '작품'이란 키워드로 글을 쓰고자 합니다.

작품이란 말은, “만든 물품”, “창작 활동으로 얻어지는 제작물”을 의미합니다. ‘나’라는 작품은 이 세상 어디에도 없다는 것이죠. 우연히 못 TV에서 이것이 진짜인지 가짜인지를 가려내는 유재석, 이미주, 오나라 등이 나오는 예능이 있었는데 사람 한 명을 가운데 두고 다른 한 사람이 한 걸음씩 원을 그리며 그 사람 중심으로 이동하면서 다음과 같이 큰 소리로 말하였습니다.

“○○야! 너는 참 좋은 사람이야”, “○○야! 너는 정말 잘하고 있어.”, “○○야! 너가 있어서 정말 다행이야.”, “○○야! 너가 있어서 참 고마워.”, “○○야! 너로 인해 정말 감사해.” 등

가운에 서있는 사람은 처음에 어색하다고 했습니다. 약간 부끄러워했습니다. 그런데 위의 말이 계속되자 눈물을 흘리기 시작했습니다. 고마워 했습니다. 감동받았다고 했습니다. 이런 프로그램을 하는 기관이나 회사가 있는지 그것이 진짜인지, 가짜인지는 기억은 나질 않습니다. 다만, 그 사람의 존재를 인정해주고 자존감을 붇돋아 주는 말과 행동임은 분명했습니다. 사람들은 살면서 칭찬보다는 지적을 받는 경우가 많을 것입니다. 과거를 반성하고 더 나은 내일을 살기 위한 다짐이 성공적이고 만족스러운 삶을 누려왔으니 그에 대한 감사보다 전자가 더 많을 것입니다.

세상에서 가장 비싸고 가치가 높은 미술작품을 보신 적 있으신가요? 경매를 통하여 엄청난 가격에 팔리고 또 가치를 인정받아 나라에서 사회에서 철통보안 아래 보관 및 전시되고 있는 작품도 있습니다. 하지만 그림을 보면서 의아한 적 있지 않으세요? ‘이게 미술 작품이라고?’, ‘뭐를

그렸는지도 잘 모르겠는데 이게 그렇게 고가의 작품이라고?'라는 생각이요. 예를 들면, 윌럼 드 쿠닝의 《인터체인지》는 시타델의 창립자 켄 그리핀이라는 사람이 구매하였는데 그 가격이 3억 달러입니다. 하지만 그림을 보면 어떤 의미를 담고 있는지, 색감과 예술적 표현이 어떤지 알기 어렵습니다. 그런데 가치는 굉장히 높아요. 여러분도 마찬가지입니다. 남들은 나의 가치에 대해 잘 모를 수도 있는데 나의 어마어마한 잠재적 가치를 알아볼 사람이 있을 수도 있어요. 사회에서 주목할 가치가 높은 사람일 수도 있는 거죠.

최근 제가 바뀐 것이 하나 있는데요. 누군가로부터 칭찬을 받았을 때 전에는 '○○씨 대단한데 이거 이렇게 한 거 잘했어.'라고 말씀해 주시면 전에는 '아닙니다.'라고 대답하기 일쑤였어요. 하지만 이제는 '그렇게 말씀해 주셔서 감사합니다.', '좋게 봐주시니 감사합니다.'라고 대답하기로 했습니다. 저의 잘한 부분은 상대방도 저도 인정하는 거죠. 그렇게 제 자존감도 지키고 상승시키는 겁니다.

이제는 이 말도 식상하고 특별하게 느껴지지 않지만 그럼에도 불구하고 꼭 기억해야 할 말이 있습니다. 전에는 no.1이 되려고 사람들이 노력했습니다. 하지만 only.1이 되라고 많이들 이야기합니다. 이 이야기도 별 감흥이 없을 정도로 사람들이 들은 이야기가 되었어요. 그래도 기억해 주세요. 여러분이 지구상에서 유일한 존재입니다. 지구를 넘어 우주를 샅샅이 뒤져도 여러분 한 사람을 찾을 수 없습니다. 여러분이 태어난 것 자체가 기적입니다. 인간이 이 세상에 태어날 확률은 과학자들에 말에 따르면 1/400조에 달한다고 합니다. 더구나 지금도 하루에 1초당 약 2명씩, 총 16만명 이상이 죽고 있습니다. 또 언제 어디서 무슨 일이 일어날지 모른 채 살아가고 있어요.

개그콘서트에 성인이지만 5살 연기를 하는 개그맨의 코너가 있어요. 이런 이야기를 개그 소재로 하더군요.

5살 아이: 자네, 무슨 걱정있나?

경찰관: 본청에 지원을 했는데, 그게 어떻게 되려나? 경쟁률이 엄청 쎄네.

5살 아이: 경쟁률이 얼마인데?

경찰관: 150 대 1

5살 아이: 경쟁률 얘기하니 옛날 5년 전이 생각나네. 내가 아빠 쪽에 있을 때, 경쟁률이 2억 대 1이었지. 앞에 가던 놈 제끼고, 꼬리 흔드는 꼬리 잡아서 뒤로 던지고, 내가 해냈지. 자네도 2억 대 1을 뚫은 대단한 사람이야. 그러니 너무 쉽게 포기하지마.

아직 원하는 만큼 또 남들처럼 보란 듯이 살아내지 못하고 있다는 생각이 드십니까? 기독교에서는 '존귀하다'라는 말을 사용합니다. "지위가 높고 귀하다"라는 뜻입니다. '내가 무슨 지위가 높다는 거야?, 내 연봉도 적은데, 내가 사는 집도 좁은데, 내가 다니는 회사는 중소기업인데, 나는 성적도 안 좋은데, 내가 다니는 학교는 별론데' 등. 하지만 이러한 요소들이 여러분이 숨 쉬고 있는 오늘 하루 생명의 순간보다 크지 않습니다. 내가 가지고 있는 긍정적 마음의 크기보다 크지 않아요. 바닷물에 콜라를 한 컵 부어도 그것은 여전히 바닷물입니다. 기적 중에 기적이 되신 여러분, 오늘 하루도 잘 살아내셨습니다. 오늘 하루를 잘 살아낸 여러분

스스로에게 토닥토닥 마음의 등을 두드려주세요. 여러분은 택함을 받았습니다.

"나 여호와가 말하노라 너희는 나의 증인,
나의 종으로 택함을 입었나니
이는 너희가 나를 알고 믿으며 내가 그인줄 깨닫지 하려 함이라
나의 전에 지음을 받은 신이 없었느니라
나의 후에도 없으리라"

-이사야 43:10-

생각하기 그리고 내 삶을 위한 흔적 남기기

1. 여태껏 받고 들은 가장 기분 좋은 칭찬이나 피드백은 무엇인가요?

2. 가장 최근에 다른 사람에게 한 칭찬이나 긍정적 피드백은 무엇인가요?

달란트가 없는 사람은 없어요.

세상에는 정말 각양각색의 재능을 가지고 그것을 펼치며 사는 사람이 많습니다. 성경을 보면 '각자 재능대로'라는 말에서 파생했다고 합니다. 달란트는 말을 재능이나 은사, 소명 등과 같이 신이 내려주었다고 생각하는 것을 가리켜 부르는 말로도 사용하죠. 영어로 재능, 능력을 뜻하는 탤런트라는 말 역시 달란트에서 파생한 말이죠. 여기서 굉장히 특이한 점은 공평하지만 불공평한 부분도 공존합니다. 공평한 점은 그 달란트는 '누구에게나 다 있다'는 점, 불공평한 점은 '그 양이 각 다르다는 것'이죠. 성경에서도 다섯 달란트, 두 달란트, 한 달란트 받은 사람들이 나옵니다. 과연 나는 어떤 달란트를 받을 사람일까요? 다섯? 둘? 하나? 사회에서 둘러보고 경험을 해보니 심은 것이 많을수록 많이 거둔다는 법칙은 사실임이 분명하더라고요. 은행에 예금을 많이 넣으면 더 많이 이자를 받습니다. 투자에서 좋은 물건을 많이 만들어 많이 팔면 많은 이익을 얻는 것이죠. 그러면 적게 가진 사람이나 한 달란트 가진 사람은 어떻게 하죠? 만약 제가 그 한 달란트를 가진 사람이라면요?

도리어 안 하는 것이 더 낫고, 하지 않는 것이 더 이득인 것 두 가지 있습니다.

하나, 나에게 달란트가 다섯인지, 둘인지, 하나인지 고민만 하는 것.

다른 하나는, 나에게 다섯인지 둘인지 하나인지 그것을 확인하고 다른 사람은 어떤 달란트를 얼마나 가졌는가 비교하며 찾아보는 것.

이런 생각과 행동들은 달란트를 땅에 묻어두는 행동과 같습니다. 내 달란트가 하나든 둘이든 성경에서 말하는 '장사'와 같은 행동을 하지 못하기 때문이죠. 고민하고 비교하지 말고 그것을 할 시간에 내 달란트로 장사를 하는 충성이 필요합니다.

세상에는 이것도 잘하고 저것도 잘하는 사람이 있죠. 학교 다닐 때는 공부는 물론이고 운동도 월등히 잘 하고요. 악기도 수준급으로 연주합니다. 수학여행이나 소풍을 가도 정말 재미나게 놉니다. 선생님께 인정받고 통솔력도 있어서 아이들도 잘 따릅니다. 거기에 외모도 출중한 아이. 부모님도 번듯한 직장에 다니고 모자람이 없이 사는 아이 말이죠. 저는 물론 그런 아이는 아니었습니다. 하지만 그렇다고 제가 소중하지 않은 존재는 아닙니다. 저도 달란트가 있고 소중한 존재이며 가치있는 사람임은 분명합니다. 여러분도 마찬가지고요.

우리에게 필요한 것은 받은 달란트를 성경말씀처럼 나중이 아닌 '바로', '장사'를 하여 '남기는 것'이죠. 그러면 우리도 많든 적든 다양하든 아니든 '칭찬'을 받게 됩니다. 더 많은 것을 맡게 됩니다. 즐거움에 참여도 할 수 있답니다.

내가 가지고 있는 그 한 달란트에 집중하고 훈련받아 비전을 성취하고 나아가 사명까지 감당하는 것이 더 의미있는 삶입니다. 여러분 스스로에게 집중하세요. 여러분 스스로 면밀히 관찰하세요.

제 생각으로는 달란트는 세 가지 분류가 있다고 생각하는데 그 첫 번째는 다양하게 가져서 여러 가지 모양으로 남길 수도 있는 달란트입니다. ABCDE처럼 다양하게 가지고 있는 것. 그 다양성을 알고 그 여러 가지 형태로 남기는 달란트입니다. 분야가 완전히 다른데 그것들을 다 잘할 수 있는 달란트를 소유한 것이요. 예를 들면 말하기, 축구, 요리, 운전, 금융, 미용, 기계, 미술, 정리, 응용, 컴퓨터 등등 말이죠.

두 번째로는 하나의 주된 달란트가 있고 거기에 파생되는 좀더 발전되거나 변형된 모양을 가진 달란트입니다. A A-1 A-2 A-3 A-4 처럼요. 말을 잘하는데 브리핑도 잘하고 대화도 잘하고 설명도 잘하고 자신만의 언어로 해석도 잘하고 악기를 다루는데 전자기타를 치면 베이스기타도 치고 건반도 다루고 다른 클래식 악기도 연주하는 것처럼 음악이라는 범주 안에서 다양하게 달란트를 발휘하는 것이죠. 운전을 잘 하는데, 자동차 정비도 잘하고, 길도 잘 알고 튜닝도 할 줄 알고 자동차 소품이나 부품도 잘 활용하는 사람. 내 차말고 다른 차도 다룰 줄 아는 능력이 있는 것처럼요.

A A A A A A 처럼 한 가지만 정말 잘하는 사람도 있죠. 이거 하나는 그 사람을 따라갈 수가 없다라는. 예전 《생활의 달인》이라는 프로그램을 보면 그런 분들을 많이 접할 수가 있죠. 떡볶이의 달인, 제빵의 달인, 배달의 달인, 피자 컷팅의 달인, 청소의 달인, 도배의 달인, 타

일시공의 달인, 장판의 달인, 단추의 달인, 자동차 타이어의 달인 등

저는 학습법, 진로, 학부모교육을 12년 넘게 하고 있어요. 강의 내용의 형태는 조금씩 업그레이드 되는 식입니다. 그런데 지난 4월 중순 새로운 컨셉 강의 교육을 받게 되었어요. 중학교 1학년 학생들을 대상으로 학급에서 4차 산업혁명에 대해 아이들이 직접 노트북을 가지고 수업에 참여하는 방식이었습니다. 저는 정말 너무 어려웠어요. 저의 어려움은 두 가지였습니다. 하나는 코딩 관련된 프로그램을 구동하는 방법이었고 두 번째는 진로 수업의 기본 내용과 주제를 컴퓨터 프로그램과 연결을 짓는 그 이유과 당위성(當爲性)이었어요. 왜 이걸 해야 하는지, 시대와 사회의 흐름이 어떻길래 이런 걸 배우고 접해봐야 하는가?에 대해 어떻게 아이들에게 설명하고 접근해야 할지 많은 고민을 했습니다. 그리고 갈림길에 놓였습니다. 이걸 내가 소화하고 이해하는데 어려움이 있어 회피를 하는 것인지, 아니면 내가 더 잘하는 방식으로 저의 방법으로 4차 산업혁명에 대해 접근하고 풀어낼 것인지에 대해서요. 결국 저는 그 강의를 하지 못했어요.

고(故)이어령 교수님이 이런 말을 했습니다. “한 방향으로 향해 300명의 사람이 달리기를 하면 전력으로 달려도 1등부터 300등까지 나올 수 밖에 없다. 하지만 300명이 각기 다른 방향으로 달린다면 누구나 1등이 될 수 있다. 여러분 모두 각자가 자신이 달릴 방향으로 알고 그 방향을 향해 달려라.” 라고요.

저는 제 달란트를 알고 그것을 제가 위에 두 번째로 언급한 것처럼 변

형시켜 소유하고 발휘할 수 있다는 점을 알고 있습니다.

여러분은 어떤 달란트를 소유하셨나요? 중요한 건 달란트가 다섯인지, 둘인지, 하나인지가 아니라 달란트를 가지고 있다는 사실입니다. 그 달란트가 각양각색인지 단색인지가 중요한 것이 아니고 누구나 색깔이 있는 달란트를 가지고 있다는 점입니다. 그걸 다시금 확인했고 확신한다면 이제 우리에게 필요한 건 그것을 감추지 않는 성실함입니다. 그에 따른 결과는 칭찬과 상급이겠죠. 그분과 함께하는 즐거움을 기대하며 자신의 달란트에 감사하며 한 단계 발전시키는 오늘 하루가 되시길 바랍니다. 꼭 기억하세요. 여러분은 이 세상에 꼭 필요한 공기같은 존재입니다.

생각하기 그리고 내 삶을 위한 흔적 남기기

1. 하나님께서 주셨다고 확신하는 나만의 달란트는 무엇인가요?

2. 나는 나의 달란트를 위해 어떤 노력을 하고 있나요?

제7장
시도하고 시작할 장소는 바로 여기

미루기는 No.

이 제목을 두고 참 많이 부끄럽습니다. 벌써 오랜 시간이 흘렀어요. '써야지, 써야지' 하면서도 쓰지 못했습니다. 더구나 내가 이 제목에 관해 글을 쓸 자격과 깜냥이 되는지도 참 많은 의구심이 듭니다. 그래도 운동경기 중 감독이나 코치가 선수처럼 뛸 순 없어도 선수가 어떻게 경기를 뛰어야 하는지는 알 수 있고 또 전달할 수 있기에 그런 다음가짐으로 이번 장을 써보겠습니다.

대부분의 사람은 나아지고 싶어 합니다. 성장하길 원하죠. 발전하고자 합니다. 하지만 이 바람대로 행동으로 옮기며 꾸준하게 목표를 향해 전진하는 사람은 드뭅니다. 그러면서도 날마다 더 나아진 삶을 살길 바랍니다. 퇴행, 악화, 감소 등은 원하지 않죠. 다만, 중간마다 쉼을 원할 수는 있습니다.

자기계발적 측면에서 봤을 때 멈춤은 곧 퇴보입니다. 상대성이 있어서 내가 멈춰있다면 나를 제외한 타인들은 전진하거나 나아가기 때문에 멈춤은 곧 퇴보를 의미합니다. 따라서 발전과 성장을 위한 애씀은 미뤄서는 안 됩니다.

최근에 제가 경험한 소재와 이슈가 있는데 여러분이 읽으면서 미루기와 어떤 연관성이 있는지 살펴보며 읽어주길 바랍니다 .

저는 결혼한 지 13년 차에 접어든 남편이자 한 아이의 아빠입니다. 직업적으로 재능적으로 메신저이며 스피치를 하는 것은 저와 잘 맞습니다. 반면에 저의 아내는 심리치료사이며 상담가입니다. 들어주는 것에 능숙하며 그 분야를 공부했고 현재 그것을 업(業)으로 하는 전문가입니다.

가정에서 상처받고 공부는 물론이고 책읽기나 다른 어떤 분야에도 맘을 두지 못하는 중학교 1학년 남자 아이가 있습니다. 제가 공부를 봐 줄 기회가 있어서 한 주에 2번 이상 비대면과 대면으로 수학과 영어를 과외식으로 가르쳐 주었어요. 하지만 이해했다고 대답은 하면서 다시 풀지 못하는 경우가 다반사였습니다. 시간과 계획을 지켰다고 하면서 10분이면 할 분량을 1시간 정도 걸려서 하는 경우도 있었죠. 여러 가지 중요한 이야기와 의미 부여를 하며 함께 하는 시간도 자주 가졌지만 그 아이의 반응은 미적지근하였습니다. 가르치고 말을 하는 저의 에너지가 점점 고갈되어 갔습니다. 그 아이가 성장하는 속도는 느렸고 더뎠어요. 결국 처음 계획과는 다르게 평행선처럼 시간만 흘러갔습니다. 동시에 아내의 방법은 달랐습니다. 그저 밥을 먹이고, 간식을 준비해 주었습니다. 여러 차례 우리 집에서 자는 경우도 있었는데 양말과 갈아입을 옷을 챙겨주었습니다. 입었던 옷도 세탁해서 주었지요. 건조도 해주었습니다. 저랑 운동도 같이 하게 하고 샤워 후에는 뽀송뽀송한 속옷과 수건을 주었습니다. 그 녀석은 아내와 함께 공부할 교재를 서점에 가서 함께 골랐습니다. 몇 날 며칠을 지속했습니다. 일주일이 지나고 열흘이 지나도록 그 지원(?)과 마음은 지속되었죠. 어느 날 밤 저는 일찍 잤는데 그 아이가 자기 전, 아내에게 입을 열었습니다. 자기 아빠에 대한 이야기, 엄마에 대한 이야기, 동생에 대한 이야기, 과거의 좋았던 경험, 자신이 호되게 혼난 이야기, 그에 대한 자기의 마음, 현재 자신의 감정 상태, 학교 생활, 친구 관계 등, 다음날 저에게 아내는 잘 듣기만 했다고 했습니다. 그 후 다운되고 에너지 없이 말과 행동을 하던 그 아이가 생동감있게 바뀌었습니다. 일명 텐션이 많이 올라간 생활을 시작했어요.

아내와 이야기를 나누던 중, 깨달았습니다. '좋은 말을 해주는 것'보다 이야기를 할 수 있도록 하는 '기다림'과 '좋은 들음'이 훨씬 더 크고 나은 가치라는 것을요. 제 아내가 미루지 않은 것은 그 아이를 그저 돌봤다는 점입니다. 그저 돌보기, 베풀기, 아껴주기, 보듬기 등이 바로 그것입니다. 이것을 하니 그 아이가 입을 열어 자기의 속 이야기를 허심탄회하게 했고 생활에 활기를 얻는 등, 그만큼 그 녀석이 제 아내를 신뢰했기 대문이라고 생각합니다. 결국, "정말 좋은 메시지와 이야기 〈〈〈〈〈〈〈〈〈 아낌없는 돌봄 후 수용적인 듣기"더군요.

제가 어렸을 적에는 주변에서 웅변학원을 심심찮게 볼 수 있었습니다. 내성적이고 소극적인 태도와 말할 때 자신감 없어 보임을 싫어하시던 아버지께선 저를 웅변학원에 보내셨습니다. 결과적으로, 저는 제 인생에서 잘한 선택 중 세 손가락 안에 이 이 웅변학원을 다녔던 것을 꼽습니다. 그런데 지금, 웅변학원은 잘 보이지 않죠. 대신 상담센터, 치료교실 등은 금방 찾아볼 수 있죠.

영국의 비평가였던 토머스 칼라일은 "웅변은 은이고 침묵은 금이다."라고 했습니다. 침묵은 단순히 소리 없음을 뜻하는 무음(無音)을 의미하는 것이 아니라 상대의 이야기가 나올 때까지 기다리는 것을 의미하고 상대방의 이야기를 중간에 끊지 않고 계속 들어주는 것임을 저도 기억하려고요.

미뤄야 할 것은 스스로 잘 알고 압니다. 주제없는 유튜브 보기, 쇼츠 영상 계속 보기, 별그램 내려보기, 자기 전 휴대폰 보기, 기상 후 바로 휴대폰 보기, 봤던 드라마 또 보기, 안 졸린데 더 자기, 등. 중요하지도 않고 급하지도 않은 일을 앞에서도 언급했고 무엇인지 이제는 알았으니 실천합시다. 수단과 방법을 가리지 말고 하지 맙시다. 다짐, 약속, 가시화, 주변 사람에게 부탁, 요청, 알람, 기도, 상담, 깨달음 등 모든 것을 동원해서라도 하지 맙시다. 언제까지 미룰까요? 안 하면 계속 미루는 것이죠.

저에게 필요한 것은 아래의 3가지에요.

1) 하고 싶은 말은 충분히 듣기 전까지 미루기
2) 중요하지만 급하지 않은 것, 해야할 것은 미루지 않기
3) 이것을 충분히 구분하기

저는 정말 이것을 간절히 바랍니다. 이것을 잘하고 싶어요.

생각하기 그리고 내 삶을 위한 흔적 남기기

1. 여러분의 성품의 변화와 성장을 위해 원하는 2가지가 있다면 무엇인가요?

2. 해야 하는데 미루고 있는 일이 있다면 그것은 무엇인가요?

세상에서 중요한 3금, 소금, 황금, 그리고 지금

시에는 운이 있고 랩에는 라임이 있습니다. 동일한 모음이나 단어 등이 일정하게 반복되는 것을 의미합니다. 제가 시인도 아니고 래퍼도 아니지만 문장을 쓰거나 이니셜을 맞춰 쓸 때가 있습니다. 우리 아들이 아내의 뱃속에 있을 때 태명을 '푸름이'로 지었어요. 그리고 추가의 의미를 다음과 같이 부여했었고요.

'맑고 청명한 하늘처럼 푸름. 하나님의 말씀의 흐름대로, 불의 앞에 늠름하고 내면 또한 아름다우며, 주님을 따름에 주저함이 없고, 성령님의 기름 부으심이 넘치고 시온의 산을 오름에 열심이다. 행실 또한 바름.' 푸름에 다음 '름'을 흐름, 늠름, 아름, 따름, 기름, 오름, 바름으로 7가지를 맞추었던 기억이 나네요. 이 책의 전체 목차도 '기'로 끝나는 단어 12가지로 구성되어 있죠.

이번 장의 제목도 "세상에서 중요한 3금, 소금, 황금, 그리고 지금"입니다. 운 또는 라임이 잘 맞죠? 기억하기도 좋은 이 세 가지 "금"에 중요성에 대해 살펴보겠습니다.

얼마 전 일본에서 후쿠시마 오염수를 바다로 방출한다는 뉴스가 전해지니까 수산물 시장에 손님들이 발길을 끊었다고 합니다. 정부에서는 안전하다고 했지만 사람들은 불안한 맘을 감추지 못했어요. 나아가 '소금'을 사재기하는 현상이 생겼죠. 사람들이 소금을 사재기한 이유는 살면서 소금은 반드시 필요한데 소금은 바다에서 나오기 때문에 오염된 소금을 먹을 순 없다는 인식에서 비롯되었습니다. 즉, 소금이 우리 생활에 반드시 필요하다는 것을 반증합니다.

소금이 중요한 이유를 3가지로 생각해 봅시다.

첫 번째는 없으면 안 되는 반드시 필요한 존재라는 것. 우리가 먹는 음식에 반드시 필요합니다. 사람의 몸에 소금이 부족하면 건강에 이상이 생깁니다. (많아도 문제가 되지만)

두 번째는 여러 가지 용도로 다양하게 활용할 수 있는 존재라는 것. 소금은 식용으로 당연히 활용됩니다. 식품을 오랫동안 저장하는데도 도움을 줍니다. 지혈 및 소독의 역할도 합니다. 치약의 대용으로 쓸 수도 있고요, 가글을 하면 감기 개선에 효과도 있습니다. 저의 상식 정도로는 이 정도인데 실제 소금은 14,000가지 용도로 사용할 수 있다고 합니다.

세 번째는 소량으로 전체에 영향을 줄 수 있는 존재라는 것. 바다의 염도는 3.5% 정도라고 합니다. 이 3.5%의 염분이 바다 안에 수 많은 생물들이 살 수 있죠. 바다 안의 염분이 너무 높아지거나 낮아져 생물들이 살 수 없게 된다면 지구의 기후도 변화된다고 해요. 결국 사람도 살기 어려운 환경이 될 것입니다. 소금과 연관지으면 다음과 같이 자신에게 적용해 볼 수 있습니다.

"나는 반드시 필요한 존재인가?"
"나는 환경에 맞게 쓰임 받을 수 있는 존재인가?"
"나는 전체에 영향을 주는 존재인가?"

여러분에게 황금은 어떤 의미인가요? "금(金)=부(富)"란 명제가 가장 일반적이고 보편타당한 의미입니다. 사람들은 부자가 되고 싶어 합니다. 금을 가지고 싶어 하지 않는 사람은 거의 없습니다. 금은 자신이 원하는 물건으로 교환이 가능합니다. 화폐가치도 높습니다. 금이 가치가 높은 이유는 여러 가지가 있겠지만 하나는 희소성 때문이고 다른 하나는 시간이 아무리 지나도 변하지 않기 때문입니다. 예로부터 '금'은 값어치가 높은 물질이죠.

제 아버지는 제가 어릴 적에 동네에서 금은방을 했었습니다. 금을 가까이서 많이 보았고 접했어요. 가게의 유리 진열대 안에 있는 수많은 반지와 목걸이, 팔찌 등이 실제 금이었다면 우리집은 굉장히 부자였겠지만 실제 그렇지 않았습니다. 나중에 안 사실이지만 진열대 안에 있는 상품들이 모두 금이 아니었습니다. 진열된 상품들은 조명 아래 다 금같이 보이지만 진짜와 가짜가 섞여 있었습니다. 주인은 압니다. 그럼 왜 가짜와 진짜를 섞어 놓았을까요? 진짜로만 진열대를 구성하려면 많은 돈이 들기 때문이기도 하고 만약 진짜만 적은 양으로 진열해 놓으면 부실해 보이기 때문이기도 했을 것입니다. 또 실제 고객들이 디자인을 선택하면 새로 만든 상품을 원하기 때문에 어차피 주문을 하고 자신의 사이즈에 맞는 상품을 착용해야 하기 때문에 굳이 다 진짜로 채워놓을 필요가 없었습니다. 그 가짜와 진짜가 섞여 있을 때 금고에 보관되는 것은 진짜만 보관합니다. 왜냐하면 진짜만 값어치가 있기 때문입니다. 금에서 뽑아낼 수 있는 문장은 다음과 같습니다.

"나는 소중하고 가치있는 존재이다."

스스로를 소중하고 가치있는 존재로 여기십시오. 자신을 아끼고 자신을 소중하게 대하세요. '나는 빛나는 존재이다.', '나는 값진 존재이다.' '나는 세상에 단 하나뿐인 유일한 존재이고 대체 불가한 존재'임을 스스로 잊지 마세요.

마지막으로 "지금"입니다. 시간의 의미입니다. '현재'를 뜻합니다. "카르페 디엠"이란 말이 있어요. 현재 이 순간에 충실하라는 뜻의 라틴어로 잘 알려져 있습니다. 우리가 잘 살아야 하는 순간은 과거도 아니고 어제도 아니고 전(前)도 아닙니다. 그렇다고 나중도 아니고 다음도 아니며 미래도 아닙니다. 이따가도 아니죠. 다음을 잘 살려면 지금을 잘 살아야 합니다. 지금을 잘 살면 어제도 잘 산 것이 되죠. 후회가 남지 않습니다. 지금을 잘 살면 내일도 잘 살게 되고요. 망상에 빠지지 않게 됩니다. 혹시, 과거에 영광을 기억하며 그것에 대한 추억과 회상에 머물러 있나요? 현재를 잘 살기 위한 발판으로만 삼고 벗어나십시오. 그것은 이미 지난 일입니다. 흘러간 물입니다. 쏘아진 화살입니다. 떠난 버스입니다. 또 앞으로 일어날 일을 미리 걱정하지 마세요. 아직 오지 않았습니다. 일이 벌어지지 않았습니다. 지레 겁먹고 두려워하지 마세요. 내일은 하루가 지나기 전까지 결코 오늘이 되지 않습니다. 지금 하는 일에 충실하세요. 지금 만나는 사람을 친절하게 대하십시오. 지금 가진 것에 감사하세요. 지금 고통 속에 있다면 견디고, 지금 기쁨 속에 있다면 누리세요. 지금 음악을 듣는다면 귀를 열고 노래를 부른다면 소리를 내세요. '앞으로 내가', '만약에', '다음에', '이것만 된다면'라고 단서를 달지 마세요. 지금에 관해 명제를 쓴다면 저는 아래처럼 쓰겠습니다.

"지금에 충실하면 과거도 감사할 것밖에 없고
미래도 기대할 것밖에 없다."

이번 꼭지를 쓰기까지 참으로 오랜 시간이 걸렸습니다. 저를 글쓰기에 행동으로 옮기지 못하게 한 것은 이 전에 제가 쓴 책들 때문이었습니다. 전 지금껏 4권의 책을 썼는데 전문 작가도 아닌 제가 책을 썼을 때 다들 놀랍다는 반응과 칭찬이 많았어요. 첫 번째 책을 썼을 때도 그랬는데 4권을 쓰니 그 반응은 배가가 되었습니다. 하지만 전 정작 한 장을 몇 달째 쓰지 않는 멈춤의 상태였습니다. 그 이유는 '난 이미 책을 썼어'라는 것 때문이었어요. 하지만 이미 그것은 결과물이고 과거입니다. 그것이 현재의 장을 채워주지 않아요. 지금에 충실한다는 근거가 되지 못합니다. 지금에 몰두했다는 증거물이 아닙니다. '나는 4권을 썼는데'라는 생각과 문구가 이번 장을 쓰는 것에 대해 발목을 참 많이 잡았습니다. 쓰고자 했다면 써야 했습니다. 고민해야 했다면 고민해야 했습니다. '다음에', '나중에', '난 책 썼잖아.', '이따가', '여유가 생기면' 등의 이유가 글쓰기를 미루게 했습니다.

여러분, 우리 모두 매일 매일 해야 할 과업과 생각들을 빠지지 않고 해봅시다.

생각하기 그리고 내 삶을 위한 흔적 남기기

1. 내가 빠지지 않고 매일 하고 있는 긍정적인 루틴과 활동은?

2. 내가 삶에서 중요하게 생각하는 3가지는 무엇인가요?

여태껏 해왔던 것들, 여기서 할 수 있는 것들

사람은 원하던 원하지 않던 배우게 된 게 있습니다. 가지게 된 것도 있습니다. 세상에 태어나면 사람처럼 연약한 존재가 없어요. 걸을 수도 없고 의사표현도 못합니다. 하지만 시간이 지나면 배우게 됩니다. 누군가 연습을 시키고 따라서 하게 되죠. 자신이 의도하지 않았고 원하지 않아도 말을 배우고 걸음을 배웁니다. 그 외 많은 것을 의지와 상관없이 배우죠. 우리는 이렇게 여태껏 배워서, 자연스레 경험하게 되어서 할 수 있게 된 것들이 많습니다. 더불어 자신의 뜻과는 상관없이 처한 환경도 많습니다. 성별, 국적, 가정환경, 학교 등이 바로 그것이죠. 그런데 여기에서도 할 수 있는 것들이 많습니다.

꼭 자기계발이나 학습적으로 적용되는 것만은 아닙니다. 얼마 전 우리 아들이 배가 아프다고 했습니다. 자다가 반쯤 깬 상태에서 토를 했어요. 이불에도 토를 하고 화장실 가서도 토를 했습니다. 자정이 조금 넘은 시간이었어요. 점심부터 먹은 것을 소화시키지 못한 채 모두 쏟아냈고 그 후에는 노란물을 뱉어냈습니다. 이불을 바꾸고 옷을 갈아입힌 후 진정되기를 기다렸습니다. 하지만 계속 배가 아프다고 했어요. 병원에 갈 상황이라고 판단되어 119에 문의를 했습니다. 119로부터 문자로 약 8개의 병원 연락처를 전송받았습니다.(직접 연락을 해서 가라는 의미) 보호자가 직접 진료여부를 확인 후 가야한다고 해서 병원마다 전화를 했습니다. 이때부터 몇 가지 불편한 상황들이 발생했어요. 하나는, 전화번호에 주간 전용 전화번호가 섞여 있어서 다시 찾아봐야 하는 수고로움이 있었습니다. 두 번째는, ARS로 연결되는 경우엔 전부 듣고 기다렸고 다 들었음에도 불구하고 응급실 전화번호 안내가 안 나오는 경우도 있었어요. 서 번째가 제일 납득하기 어려운 상황이었는데, 이렇게 어찌저찌 연결된 병원에서는 아이가 12살이니 소아응급전문의가 진료를 봐야한다고 하며 하지만 우리병원엔 없으니 오셔도 진료를 볼 수 없다는 내용이었습니다. 결국, 겨우 집에서 차로 35분 거리에 병원 하나를 찾았습니다. 하지만 그 병원도 얼마나 기다려야 할지 언제 진료를 받을 수 있을지 모른다는 답변을 해주었습니다. 시간이 새벽 2시를 넘었기 때문에 어린이 달빛병원도 문을 닫은 상태였어요. 지인 중 어디 물어볼 수 있는 의사가 있지도 않았습니다. 그때 제가 할 수 있는 것은 아들의 배를 간져주며 여기저기 몸을 주물러 주는 것뿐이었습니다. 우리 아들은 참아낼 수 있을 만큼까지 참는 것이 할 수 있는 최선이었습니다. 아내는 인터넷으로 아플 땐 어떻게 해야 하는지 증상과 치료법을 찾아보며 아들의 증상이 어디에 일치하는지 짐작으로 찾아내고요. 아들은 아침까지 참았습니다. 아침 9시가 되어 병원에서 진료를 받고 노로바이러스 감염이라는 진단을 받았어요. 입원을 했습니다. 이때 우리 가족이 할 수 있는 것은 기도하면서 아들은 참고 아빠는 손과 배를 만지는 것, 엄마도 함께하고 더 나은 치료법을 찾아보는 것뿐이었지만 그것이 최선이었습니다. 당시 할 수 있는 모든 것을 동원했어요.

(※ 이는 별도의 국가적 논의와 대책이 필요하겠지만 여기서는 그 이

야기는 하지 않겠습니다. 응급상황은 비대면 진료 휴대폰 어플 서비스로 바뀌었고 2024년 1월 이후 소아응급의료진이 있는 병원에서만 15세 미만 아이의 응급 진료가 가능합니다.)

어떠한 상황에 처했을 때 그 자리에서 할 수 있는 모든 수단을 동원합니다. 문제가 있어 해결해야 한다면 처해 있는 위치에서 문제해결에 도움이 될 수 있는 요소와 방법들을 찾고 그것들을 총동원해야 합니다. 제도적 문제와 체계의 변경은 그 나중의 문제입니다.

다윗이 골리앗을 쓰러뜨릴 수 있었던 이유 중 하나는, 여태껏 해왔던 것들과 가지고 있는 것을 활용한 것입니다. 다윗이 군대를 일으킨 것도 아닙니다. 더 큰 장수를 데려온 것도 아니죠. 상대보다 큰 무기를 사용한 것도 아닙니다. 자기가 가지고 있는 능력, 곰을 물리친 경험과 매끄러운 돌 다섯 개, 물매를 가지고 골리앗 앞에 나아갔습니다. 입을 열어 하나님의 이름을 선포하셨습니다. 두 다리를 가지고 빨리 달렸습니다. 물매를 던졌고 그것이 골리앗의 이마에 박혔습니다. 자신에게는 칼이 없어 골리앗의 칼을 빼어 머리를 베었습니다. 다윗 또한 여태껏 해왔던 것들과 그곳에서 할 수 있는 것들을 활용했습니다. 물론 하나님이 함께 하신다는 믿음이 가장 중요합니다.

얼마 전 고등학교 1학년 남학생을 만나서 진로 멘토링을 진행한 적이 있습니다. 이 친구는 아주 어렸을 적부터 철도에 관심이 많았다고 어머니에게도 친구에게도 같은 이야기를 들었습니다. 어머니는 다른 것에는 관심을 두지 않는 것에 대해 오히려 걱정이 든다고 했어요. 학업적으로도, 학교에도 부적응하여 자신이 가장 많은 시간을 쓰며 하는 활동으로는 이어폰으로 노래를 듣고 철도 도면과 자료 등을 보면서 보내는 것이라고 했습니다. 그 학생은 시력이 나빴는데 안경을 쓰고 있지 않았고 청력 또한 많이 나빠졌는데 이어폰을 통해서 노래듣는 것을 끊기 어렵다고 했습니다. 공부에서 손을 놓은지 오래되었고 시험 기간임에도 불구하고 공부를 어디서부터 해야 할지 모르겠다고 했습니다. 우선 이 아이의 강점은 관심분야가 뚜렷하다는 것과 그 관심분야에 대한 경험과 활동을 꾸준하게 하고 있다는 점이었어요. 이야기를 나누는 중 국내가 아닌 해외에 철도를 개척하는 것에 관한 이야기를 하게 되었습니다. '아직 지하철이나 전철이 없는 나라에 계획수립과 설계, 시설기반 마련을 하는 것도 중요한 일이다. 네가 할 수 있는 일이고 네가 현재 가장 그 일에 가깝게 다가서 있다. 철도 운행만을 고집하는 것이 아니라 관련된 일을 하고자 한다면 좀 더 다양한 공부와 경험이 필요할 것이다. 음악을 끊기 어렵다고 하니 이어폰이 아닌 헤드폰으로 바꾸는 건 어때?, 엄마랑 상의해서 안경을 맞추고 시력이 더 나빠지는 것을 막아보자. 집에서 도서관이 멀면 현재 학교 도서관에 있는 책부터 철도, 경영, 설계, 도시계발, 해외진출 등에 관련된 책을 찾아보자. 연관있는 사람들을 조사하고 이메일도 써보자. 네가 처해 있는 환경에서 할 수 있는 것부터 찾고 하나씩 시도를 해보자. 철도에 관한 일에 시야도 넓어지고 하고 싶은 일도 분야별로 좀 더 확고해질 것이다.'라고. 그래서 다음날 안경을 갖췄고 헤드폰으로 바꾸는 것을 어머니께서 도와주셨습니다. 다음날에는 학교 도서관에서 책을 빌려왔고 주말에는 구립도서관을 어머니와 가기로 했습니다.

학교를 다니고 있다면 학교 선생님, 친구들, 학교에서 배우는 책, 필기구, 학교 도서관, 학교 운동장 등이 그렇습니다. 군인이라면 선임, 후임, 간부, 일과 후 시간, 연등(취침 후 부여해 주는 자기계발 시간)을 활용할 수 있고요. '누구는 과외를 한다.', '누구는 좋은 학원을 다닌다.', '누구는 참고서가 많다.', '누구는 부모님이 고학력이다.', '누구는 형이나 누나, 오빠, 언니가 명문대생이다.' 등 나에게 없는 것을 찾으면 한도 끝도 없습니다. 학생인데 참고서가 없으면 교과서부터 시작하세요. 학원을 다니지 못하면 EBS를 보세요. 교재가 부족하면 근처 도서관을 가세요. 근처에 도서관이 없으면 학교 도서관에라도 가세요. 문제집이 없으면 학교 선생님께 부탁도 해보세요. 지금 내가 처해 있는 자리와 환경에서 할 수 있는 것을 찾고 시도하세요. 건강을 위해 운동을 해야 하는데 헬스장 등록할 돈이 없다면 근처 공원에 기구가 있는지 보고, 있다면 그곳에 가서 기구를 드세요. 산책로가 없으면 동네를 한 바퀴씩 걷고 달리십시오. 뭐가 없어서 못하고, 뭐가 없어서 안 한다는 이야기를 하기 전에 내가 가지고 있고 나에게 있는 것부터 재확인하고 활용하세요. 그것을 할 수 있는 곳이 '여기'이고 그것을 할 수 있는 때가 '지금'입니다.

현재 저도 가진 것이 많습니다. 자기계발을 할 수 있는 요소들도 여러 가지입니다. 하드웨어적인 요소 말고도 저에게는 사명선언문도 있어요. 올해의 계획도 있습니다. 저는 저의 재능과 흥미를 알고 더 알려고 하는 의지가 있습니다. 저에겐 신앙이 있습니다. 믿음이 있습니다. 주님이 계십니다. '여기'서 '지금' 해봅시다.

생각하기 그리고 내 삶을 위한 흔적 남기기

1. 여태껏 해왔던 일들 중 다른 사람에게도 추천하고 싶은 일은?

2. 지금 여기서 할 수 있는 가장 생산적이고 긍정적인 일은?

제8장
언젠가는 그리고 반드시 사라질 역경이란 연기

무서운 연기 그러나 사라지는 연기

“애애앵~~” 소방차 소리가 요란하게 들렸습니다.

“요 옆의 아파트에 불났데요”, “어?!”

“장욱씨! 아기!”라고 옆자리 직원이 외쳤습니다. 그 소리에 저는 바로 뛰어 나갔습니다.

아파트 7층에 살 때 지하 1층에서 불이 난 적이 있습니다. 당시 우리 집에는 100일이 갓 지난 아들과 아내 그리고 어머니가 같이 계셨어요. 저는 회사에서 야근 중이었습니다. 도보로 이동이 가능한 가까운 거리에 있었기 때문에 금방 확인하러 갈 수 있었습니다. 도착하니 엘리베이터는 사용하지 못하게 했고 소방차 여러 대와 많은 소방대원들이 와서 상황을 수습하고 있었습니다. 아내와 통화를 어렵게 한 저는 옥상으로 대피하고 있다는 연락을 받고 단숨에 15층을 올라갔습니다. 안전사고 방지를 위해 옥상 문이 잠겨 있어 그 앞에 미처 아파트 밖으로 대피하지 못한 사람들이 몰려있었습니다. 아들은 어부바를 한 상태에서 무릎담요로 머리부터 덮여있었고요. 주변을 보니 정말 각양각색의 사람들이 있었습니다. 개를 안고 나온 사람, 미처 옷도 못 입고 속옷 차림으로 나온 아저씨, 좀 더 큰 어린아이를 안고 온 사람, 요리하다 말고 나온 아줌마, 신발도 못 신고 나온 사람, 전화를 하느라 바쁜 사람 등. 보통 아이들에게 이 소재는

'가장 소중한 가치는 무엇인가?'라는 강의를 할 때 나누는 주제인데 이번 장에선 다른 시선으로 다뤄보고자 합니다. 다행히도 당시 불은 큰불로 번지지 않았고 다들 대피를 해서 큰 인명피해 사고는 없었습니다. 다만 불이 더 번지지 않았음에도 불구하고 소방관들은 대피한 사람들을 집에 들어가지 못하게 했어요. 그것은 바로 '연기' 때문이었습니다. 복도와 계단, 집안까지 연기가 차 있는데 그 연기가 완전히 사라져야 들어갈 수 있다고 했습니다. 심지어 약간이라도 연기를 마신 사람은 앰뷸런스를 통해 근처 병원에 가서 진료와 검사를 받게 했습니다. 해당 시간이 저녁 8시가량이었기 때문에 우리 가족 모두는 진료를 마치고 집에 들어갈 수 있었습니다. 여기서 나는 두 가지 메시지를 전하고자 합니다.

첫 번째, 연기는 역경과 고난처럼 우리를 힘들게 합니다. 언제 어떻게 우리에게 올지 모릅니다. 연기는 독성이 강한 것도 있고 그렇지 않은 것도 있죠. 그을음을 남기는 연기도 있습니다. 연기에는 농도가 있으며 짙으면 시야를 가립니다. 연기는 마시면 호흡이 괴롭습니다. 일상생활을 못하게 합니다. 하지만 밑의 두 번째가 훨씬 더 중요하니 주목해 주세요.

두 번째, 연기는 언젠가 그리고 '반드시 사라진다'는 것입니다. 우리도 역시 연기가 다 사라진 다음 집에 들어갈 수 있었거든요. 그 연기의 농도가 짙었어도 사라집니다. 연기의 냄새가 매캐했어도 사라집니다. 연기가 가득했어도 결국 사라집니다. 연기가 많았어도 사라집니다. 연기는 결국 없어집니다. 결코, 영원하지 않습니다.

어렸을 때 잠도 제대로 못 잘 정도의 고민도 있었어요. 누구에게도 털어놓지 못하고 혼자서 가슴이 아리도록 가지고 있던 걱정도 있었습니다.

심지어 작년에도, 지난달에도 고난이 있었습니다. 고민이 있었어요. 역경이 있었습니다. 걱정이 있었죠. 하지만 지금도 그것들이 저에게 남아있지 않습니다. 반면에 내일은 무슨 일이 생길지 모르죠. 걱정거리가 생길수도 있겠죠. 고민거리가 생길 것입니다. 고난도 역경도 만나게 될 것입니다. 그렇다고 지레 겁먹지 않습니다. 쫄지 않습니다.

제가 기억하지만 지금은 연기처럼 사라진 경험을 간단하게 써보면,

1) 중3 때 이사한 집이 내 머리가 천장이 닿을 만큼 낮았고 화장실도 없는 다락방이었다.
2) 방학 때는 40명 단체 독서실에서 의자를 올리고 책상 아래 들어가서 담요 한 장을 덮고 자면서 지냈다.
3) 대입에 실패하고 학원 다닐 형편이 안 되어 혼자 구립도서관을 옮겨 다니며 공부했다.
4) 중3부터 대학교 2학년이 될 때까지 부모님과 떨어져 살았다.
5) 대학교 졸업이 연기가 되어 합격한 학사장교 입소를 포기했다.
6) 다시 지원해서 간 학사장교 임관 때 성적은 거의 꼴찌였다.
7) 인턴 후 계약직으로, 계약직에서 정규직으로 전환에 실패했다.
8) 어렵게 된 정규직도 얼마 되지 않아 권고사직을 당했다.
9) 결혼 후 겨울에 이불을 덮고 누우면 입에서 나는 입김이 보이는 추운 집에서 살았다.
10) 다행히 겨울이 지나 이사를 했는데 그 집도 창문에 얼음이 어는 추운 집이었다.
11) 기획부동산에 사기를 당했다.
12) 책은 출간했지만 1쇄를 넘기지 못했다.
13) 그 외 작고 큰 연기 같은 걱정거리가 있었다. (사랑하는 사람이 갑자기 많이 아픔)

사람들은 부활은 믿지만 죽기는 싫어합니다. 아브라함처럼 복을 받길 원하지만 이삭을 바치라는 시험은 받고 싶지 않아 합니다. 야곱처럼 부유하길 원하지만 도망치고 연단을 받는 생활은 원하지 않습니다. 요셉이 총리가 된 것처럼 높은 사람이 되길 원하지만 팔려 가고 감옥에 갇히고 싶어 하진 않습니다. 다윗은 배신당하고 도망 다녔습니다. 모세는 살인을 저지르고 광야에서 40년을 살았어요. 욥은 엄청난 고난을 당했습니다. 다니엘은 사자굴에 갇혔습니다. 베드로는 예수님을 부인했습니다. 하지만 우리가 잊지 말아야 하는 진리가 있죠. 예수님은 고통당하셨고, 저주받으셨으며, 제자들에게 배신당하셨다는 것이에요. 십자가에서 매를 맞으셨습니다. 못 박히셨습니다. 가시관을 쓰셨습니다. 창에 찔리셨습니다. 채찍에 맞으셨습니다. 그리고 결국 죽으셨어요. 하지만 죽으셨기에 부활하셨습니다. 다시 사셨습니다. 부활이 있기 전에 반드시 죽음이 있다는 것을 우리는 잊지 말아야 합니다.

사람들이 겪는 경험들이 연기 같을 수 있는 기준과 조건은 무엇일까요? 이 글을 볼 수 있는 시간이 있으면 힘들다고 느껴지는 경험은 사라지는 연기입니다. 내가 약간이라도 공감 한다면 그 사람이 지금 겪는 고통과 가지고 있는 고민은 사라지는 연기입니다. 개선하고 나아지려는 의지가 있다면 그가 지금 갖고 있는 걱정과 문제는 사라지는 연기입니다. 가장 중요한 '믿음'이 있다면 크고 많은 문제들은 결국 연기처럼 사라집니다. 지나갑니다. 없어집니다.

여러분이 기억할지 모르겠지만 분명 작년 한 해동안 가지고 있던 문제와 걱정거리가 있었을 것입니다. 그것이 아직도 여러분의 발목을 붙잡고 놔주지 않고 있나요? 아직도 가로막고 있습니까? 여전히 앞을 가리고 있

어요? 지금도 힘겹게 합니까? 대부분 그렇지 않습니다. 없어졌습니다. 희미해졌죠. 사라졌어요. 도리어 그 고통을 겪을 만큼 성장했습니다. 구더졌어요. 통과했습니다. 어떤 모양으로도 그 연기가 지금도 존재하지 않습니다. 다시 한번 강조합니다. 연기가 영원하지 않습니다.

기억합시다. 위기, 역경, 고난, 고통, 고민, 걱정, 괴로움, 어려움, 고비, 근심. 모두 연기처럼 사라집니다.

생각하기 그리고 내 삶을 위한 흔적 남기기

1. 지나고 보니 연기처럼 사라진 내가 겪은 어려움은 무엇인가요?

2. 작년 이맘때 내가 가지고 있던 걱정과 문제는 무엇이었나요?

붙어있는 것처럼 보이지만 결국 만나지 않는 선로

《다큐 3일》이라는 프로그램을 아나요? 종영된 방송 프로그램이지만 일반인들의 일상을 주제로 다큐멘터리 프로그램이 있었죠. 지금도 찾으면 찾아서 볼 수 있습니다. 한 번은 기차역을 촬영하러 갔더라고요. 오는 사람, 가는 사람, 기다리는 사람, 일하는 사람, 찾는 사람 등 여러 사람들의 모습을 볼 수 있습니다. 그때 젊은 남자 한 분이 아래와 같은 말을 했습니다.

「"기차를 타고 뒤를 돌아보면 굽어져 있는데 갈 때는 직진이라고밖에 생각 안 하잖아요. 저도 반듯하게 걸어왔다고 생각했는데 뒤돌아보면 굽어져 있고 그게 인생인거죠. 앞으로도 굽어져 있을 것이고."」

-《다큐 3일》, '서민들의 인생 분기점 구로역' 2008년 7월 19일-

많이 공감했습니다. 기찻길을 인생에 빗대어 한 말이죠. 기차를 타고 안에 있을 때, 바깥 풍경을 보지 않으면 기차가 앞으로 가는지, 왼쪽으로 가는지, 오른쪽으로 가는지, 얼마나 빠른지 잘 체감하지 못합니다. 똑바로, 직진으로만 가는 거 같이 느껴집니다. 하지만 선로는 왼쪽으로 굽어져 있기도 하고 오른쪽으로 굽어져 있기도 하죠. 중간에 선로를 바꾸기도 합니다. 여기서 중요한 사실 두 가지가 있어요. 하나는 가는 선로가 계속 굽어져 있다는 점이고 다른 하나는 그렇게 가서 목적지에 마침내 도착한다는 점입니다. 우리가 보내온 시간과 여정도 비슷한 점이 있죠. 똑바로 지내온 거 같은데, 바르게 걸어왔다고 생각하는데 되돌아보면 이리저리 굽어져 있었다는 사실.

아침에 출근할 때 전철을 타고 출근합니다. 전철역을 가려면 구름다리를 통해 전철 선로 위를 통과해야 하는데 그 위에서 선로를 보면 선로의 끝은 겹쳐 만나는 것처럼 보입니다. 기차선로는 끝이 만나는 것처럼 보이지만 실제 기차선로는 도착지까지 평행하게 되어 있습니다. 결코 서로 만나지 않아요. 저는 이것처럼 역경과 행복은 늘 함께한다는 의미를 부여합니다. 이 둘은 늘 공존합니다. 하지만 그것이 혼합되거나 겹치지 않아요. 그것을 감사로 받아들이느냐, 감사로 고백하느냐는 내가 어떤 시선으로 바라보느냐에 따라 달려있습니다. 어떻게 받아들이느냐에 달려있습니다. 다시 한번 강준민 목사님께서 하신 "사건보다 중요한 건 사건에 대한 반응이고 해석이다."라는 말을 기억합니다.

한국방송공사 드라마인 《고려거란전쟁》을 소개하는 한 줄 문구는 "승리로 쟁취한 평화"입니다. 즉, 평화를 유지하기 위해선 강한 국방력이 뒷받침이 되어야 한다는 뜻입니다. 이겨야만, 싸워서 이길 수 있는 힘이 평화를 가져올 수 있다는 의미입니다. 연습은 실천처럼 실전은 연습처럼 합니다. 훈련 때 최선이어야 현장에서도 최선이 가능합니다. 고난도 영원하지 않지만 즐거움도 끝이 있습니다. 둘 다 지나갑니다. 찰나이고 순간입니다. 우리는 잘 가고 있다는 믿음과 정한 목표와 목적지를 잃지 말아야 합니다. 잊지 말아야 합니다. 흔들리지 않는 것이 중요해요. 선로가 겹치거나 선로가 끊어지면 사고가 크게 나죠. 앞에 그런 구간이 있다면 그 전에 멈추어야 합니다. 그 구간을 직접 마주하여 보수하고 선로를 깔고 통과합니다. 그렇게 지나가요.

새벽에 운전할 때 라디오를 듣습니다. 지금은 종영된 코너이지만 "오히려 좋아"라는 코너가 있었어요. 청취자가 자신의 걱정거리나 고민의 상황들을 사연으로 보내면 진행자가 그 상황을 오히려 좋은 이유 3가지로 바꾸어서 해석해 주는 코너였습니다. 예를 들면 '저는 가방을 보면 사는 것을 못 참아요. 집에 비슷한 가방이 엄청 많아요. 안 사야지, 안 사야지 하면서도 가방을 보면 또 산 저를 발견한답니다.' 이런 사연이면 오히려 좋은 이유 세 가지를 '착즙(搾汁)'해준다고 표현합니다.

① 가방이 많으면 가방에 대한 조언 및 스타일링을 해줄 수 있는 안목이 있으신 거니 오히려 좋아.
② 요즘엔 중고거래가 활성화되어 있으니 활용해서 용돈을 벌 수 있어 오히려 좋아.
③ 자신의 잘못된 행동을 인지하고 있고 그것을 고치려고 하는 사연을 보내서 선물도 받고 방송에 소개도 되고 오히려 좋아. 이렇게요.

저는 농구를 좋아해서 스테판 커리라는 선수를 자주 언급하게 되는데 키가 큰 센터들이 독식하던 게임의 트렌드를 가드의 스킬과 슛으로 1차로 바꾼 선수가 마이클 조던입니다. 요즘엔 2차로 그것이 변화하였죠. 이제는 센터들도 3점슛을 던집니다. 경기를 뛰는 5명 모두가 3점 슛을

던지도록 방식으로 바뀌었어요. 이렇게 되도록 이끈 선수가 스테판 커리입니다. 이 선수는 드래프트 당시 "그의 운동능력은 평균 이하다. 골대 근처에서 그는 좋은 득점원도 아니다. 드리블은 좀 더 많은 보완이 필요하며 포인트가드로서 더 발전해야만 한다. 그는 다음 레벨로 성장하는데 한계가 있는 선수다."라는 평가를 받았습니다. 분명 그는 키가 다른 선수에 비해 월등히 크지 않습니다. 많이 빠르지도 않아요. 피지컬이 뛰어나지도 않습니다. 운동능력이 탁월한 것도 아니고요. 하지만 그는 가장 뛰어난 3점 슈터로, 대단한 포인트가드 중 1명이 되어 베스트5를 뽑을 때 거론될 정도랍니다. 현시대 농구의 대표 아이콘이 되었죠.

축복과 고난은 동전의 양면과 같기도 하고 같은 면을 마주하고 있기도 하죠. 공존하기도 하고 어떤 경우에는 같은 일, 같은 사건일 때도 있습니다. 강점을 보려는 시각을 가지고 바라보면 강점이 보입니다. 또 지금은 약점투성이지만 후에 어떻게 바뀔지 모르고 그것이 역으로 바뀌는 경우도 허다해요. 여러분에게 약점이 있고 고민이 있다면 그것이 고쳐지고 바뀔 때도 있지만 그것보다는 이미 가지고 있는 강점을 극대화할 기회로 삼고 더 몰두하라는 신호로 받아들여야 합니다. 고민이 바뀌면 축복이 될 수 있다는 메시지입니다. 이 둘은 동시에 만날 수도 있어요. 교대로 번갈아 가며 접할 수도 있습니다. 오르막이 있으면 내리막이 있고 내리막이 있으면 오르막이 있습니다. 축복인 줄 알았는데 고난인 경우도 있고 역경인 줄 알았는데 다시 보니 순탄인 경우도 있습니다. 끝인 줄 알았는데 시작인 일도 있습니다. 고난을 다음 도약을 위한 자양분으로 삼는 경우도 있고 반면교사로 활용하기도 합니다. 내가 무슨 해석을 하고 어떤 결단을 내리느냐에 거의 모든 것이 달려있다고 해도 과언이 아닙니다.

저는 얼마 전부터 눈에 필터를 낀 것처럼 뿌옇게 보이기 시작했습니다. 노안이 많이 진행되었나 싶었지요. 근처 안과에 가서 시력을 재는데 왼쪽 눈이 엄청 큰 글씨 아니고는 보이지 않았어요. 평소에 눈을 한쪽씩 번갈아 보는 경우가 없으니 잘 몰랐습니다. 안과에서 검사시간이 오래 걸린다고 해서 다음으로 미루고 그 옆의 안경점으로 자리를 옮겼습니다. 안경점에서 한참 검사를 했는데 이건 안경으로 해결될 문제가 아니라고 했습니다. 다음 날 다시 다른 안과를 통해 진단을 받으니 큰 병원으로 가라고 했습니다. 눈동자에 혈관이 터져 피가 고여서 그것이 시야를 가리는 증상이라고 했어요. 큰 병원에서 진단 받은 병명은 '망막정맥폐쇄증'. 쉽게 말하면 눈에 중풍이 온 거라고. 주사치료를 받아야 하는데 다시 예전 시력으로 회복되진 않고 더 진행이 되지 않기 위해 시술을 해야 한다고 했습니다. 지금은 오른쪽 눈을 가리면 일상생활이 어렵습니다. 글씨는 거의 안 보이고 사물의 형태도 뭉그러져 보입니다. 사실, 이것은 저에게 건강상의 고난입니다. 고민이고 문제죠. 하지만 이미 이렇게 된 것을 되돌릴 수 없고 바꿀 수 없습니다. 이왕 이렇게 된 거 적응해야 합니다. 책을 보거나 할 때 더 집중하고 휴대폰이 잘 안 보이니 오히려 더 좋아요. 습관적으로 보던 휴대폰을 멀리하게 되었으니까요. 고혈압이 원인이라고 하니 건강한 식단을 하게 되었습니다. 믹스커피를 끊고 국물을 안 먹게 되었습니다. 가족과 함께 이 내용을 공유했습니다. 그러니 온 가족이 다 같이 건강식을 먹게 되었습니다. 저는 더 나아졌습니다. 또 결국 더 나아질 것입니다.

생각하기 그리고 내 삶을 위한 흔적 남기기

1. 현재 고민이 있다면 감사의 제목으로 바꿔봅시다.

2. 지금 가지고 있는 소망과 바램이 있다면 그것은 무엇인가요?

나를 바다처럼, 나를 하늘처럼

한국 애니메이션 캐릭터 중 가장 강력한 영향력을 가진 캐릭터는 누구일까요? 바로 '뽀로로'입니다. 저도 우리 아들을 키우면서 뽀로로를 같이 많이 봤습니다. 아들이랑 같이 자주 보면서 제가 제일 매력적으로 느끼고 가장 아니, 최고로 좋아하는 캐릭터는 바로 '포비'에요. 제가 만약에 교회학교 유년부를 담당하는 전도사님이나 목사님이었다면 여름성경학교 주제나, 설교의 제목을 '예수님처럼, 포비처럼'이라고 생각할 정도로 저는 포비에 관심이 많습니다. 나무위키에서는 포비를 "착하고 자상하고 따뜻한 데다 어른스러운 성격으로, 화도 잘 내지 않는다. 뽀로로와 친구들에게는 형, 오빠 같은 존재이다"라고 설명하고 있어요. 포비가 주로 하는 행동은 '따뜻하게 안아주기', '해리의 쉬지 않고 말하기와 노래 부르기를 옆에서 듣기', '친구들이 싸우면 중재하기', '화가 나도 아주 짧게 너기', '가구 수리하기', '친구들에게 생선 잡아다 주기' 등입니다.

우리는 살면서 문제를 안 만날 수 없습니다. 큰 문제, 작은 문제, 많은 문제, 적은 문제, 넘길 수 있는 문제, 풀어야 할 문제, 같이 공유해야 할 문제, 두고두고 풀어야 할 문제 등. 이럴 때 사람들은 문제를 다른 사람들에게 가족, 친구, 연인, 멘토, 선생님, 선배, 후배, 상사, 후임 등에게 이야기할 때가 있습니다. 문제를 상대방에게 이야기한다는 것은 여러 가지 이유가 있겠지만, 가장 큰 이유는 '내가 지금 이러한 문제를 가지고 있다.'라는 명제적 사실의 전달입니다. 그리곤 사람마다 이야기를 들었을 때 또 문제를 공유한 사람이 원하는 반응은 각양각색이죠.

다음 대화 중 내가 가장 듣고 싶은 답은 무엇인지 고르시오.

Q: "저 이런 문제가 생겨서 너무 고민이에요. 어떻게 하면 좋을까요?
(누군가에게 나의 문제를 토로했을 때 원하는 상대방의 반응)

A:
① 어떻하지? 큰일났다.
② 왜 그랬어? 그건 이래서 (이런 원인 때문에) 생긴 일이네
③ 그걸 나한테 왜 이야기하지? 나보고 어쩌라고
④ 그건 이렇게 했어야지. 이건 그렇게 처리하면 되는 거잖아
⑤ 괜찮아. 이미 벌어진 일. 다음엔 그러지 않으면 된다.
⑥ 너는 괜찮아? 문제가 생겨 마음도 몸도 힘들었겠네. 해결할 방법도 찾아보자.
⑦ 나한테 줘봐. 내가 이렇게 처리할게

이 장의 큰 키워드는 '연기'인데 연기는 하늘로 흩어지게 되면 사라지죠. 하늘이 넓고 크며 이것이 정화 능력으로 작용하기 때문에 연기는 사라집니다. 바다도 마찬가지에요. 바다는 넓고 깊습니다. 정화 능력이 있어 웬만하면 수용해요. 전 제가 누군가에게 고민을 들었을 때, 알게 되었을 때 충분히 공감할 수 있는 감정적인 상태가 크고 넓었으면 좋겠습니

다. 이성적으로는 그 문제를 해결할 수 있는 머리와 역량이 있었으면 합니다. 반대로 제 문제를 듣고 알게 된 상대방도 그러한 사람이었으면 하는 바램도 커요. 제 주위에 이러한 사람이 많았으면 좋겠습니다.

제가 제일 처음 MBTI 성격유형 검사를 접하게 된 것은 21살 때입니다. 저의 성격 유형도 알게 되었지만 상대방이 왜 그런 반응을 하는지, 행동을 하는지, 왜 그런 생각을 하는지 좀 더 이해할 수 있도록 도와준 검사였습니다. 그 후로 20년도 훌쩍 지난 요즘, 누구나 MBTI를 물어보고 유형을 파악하는 게 큰 이슈가 되었네요. 미디어에서도 예능에서도 자주 등장합니다. 그중에서도 자주 등장하는 부분은 "T인가, F인가"예요. "너 T야?"라는 질문을 종종 접하게 됩니다. 하지만 중요한 것은 이것이 아니에요.

문제와 고민이 생겼을 때 중요한 것은 첫째, '이것을 들어줄 상대방, 대상이 있는가?'입니다. 그 상대방의 성격유형이 어떻고 어떤 반응을 보이는지는 둘째 문제입니다.

둘째, 고민과 문제를 토로한 '내가 원하는 것은 무엇인가?', '나에게 필요한 것은 무엇인지를 아는 것'입니다. 그것이 해결책인지, 공감인지, 위로인지, 책임인지, 답인지, 그저 공유인지, 복수인지, 배려인지, 양보인지, 기도인지 등 과연 나는 무엇을 원하여 고민과 문제를 토로하였는지를 아는 것이죠.

셋째, 해결이 돼도 혹은 안되어도, 위로를 못 얻어도 그렇지 못했어도 그저 내가 문제를 쏟아내고 '상대방이 들어주었다는 사실만으로 다행이라는 마음을 갖는 것'입니다. 그것이 위로가 될 확률, 해결이 될 확률이 조금이라도 높아지면 감사할 상황입니다. 만약 나에게 벅찬 고민과 문제를 누구에게도 이야기하지 못하고, 써서 전달하지 못하고 온전히 나 혼자 감당해야 한다면 그것만큼 큰 짐은 없습니다. 그것만큼 답답한 상황은 없어요. 그것만큼 힘든 상황은 없습니다. 가지고 있는 문제보다 그것을 말할 수 있는 곳, 전달받을 누군가가 없다는 것이 도리어 큰 문제입니다.

그렇다면 과연 나는 문제가 생기면 누구에게 이야기를 할 수 있을까요? 경험이 많은 사람? 지식이 많은 사람?, 공부를 많이 한 사람?, 성격이 좋은 사람?, 돈이 많은 사람?, 나이가 많은 사람?, 가장 친한 사람?, 오랫동안 함께 지내온 사람?, 일을 잘하는 사람? 정말 누가 적합할까요? 그건 문제에 따라 상황에 따라 자신의 상태에 따라 각기 다릅니다. '다를 것이다'가 아닙니다. '다르다'라고 감히 확언합니다.

필요한 것은 무엇일까요? 위로?, 공감?, 해결책?, 해답?, 책임?, 공식?, 때로는 침묵. 이것 또한 상황에 따라 상태에 따라 다릅니다. 이 부분도 마찬가지에요.

앞에서도 자주 언급했지만 제가 인생에서 가장 추구하는 가치의 1순위는 지혜이고 2순위는 평안입니다. 28살 때 곰곰이 생각한 끝에 정했고 이후로 지금까지 바뀐 적이 없습니다. 저는 지혜와 명철을 구분하고 싶습니다. 얻고 싶습니다. 슬기롭고 싶습니다. 어떠한 순간에도 폭풍 중에도 평안을 누리고 싶습니다.

결국 저는, 어떠한 사람이 되고 싶냐면,

① 해결책이 필요한 순간에는 저의 냉철한 이성이,

② 이해하고 공감해야 하는 상황에는 저의 따듯한 감성이 온전히 발휘되는 사람입니다.

매 순간과 상황을 잘 판단하는 지혜를 소유한 사람, 기쁜 순간이나 슬픈 순간에도 평안을 누리는 사람. 또 그것을 주위에 전하는 사람이 되길 원합니다. 책을 볼 때도 여기에 보탬이 될 수 있는지 유념하며 읽습니다. 활용이 될 수 있는지 생각합니다. 오감을 통한 제가 겪는 모든 경험에도 여기에 도움이 되는지 적용합니다. 만나는 모든 사람들에게 듣는 이야기, 함께 하는 활동 모든 것이 여기에 더 채워지게 하고 나아지는 요소들을 얻을 수 있는지 확인합니다. 늘 깨어있어서 내 안에 그것들을 모두 담아내어, 체화시켜 나만의 것이 되길 기대하고요.

저는 제가 포비같은 사람이 되어 제 주위에 뽀로로, 패티, 로디, 에디, 해리같은 사람들이 있길 바랍니다. 어떤 검고 큰 연기를 만나도 정화시킬 수 있는 맑고 넓은 하늘 성품과 심성을 소유한 사람, 깊고 푸른 바다 같은 사람, 그런 마음과 성품을 소유하길 간절히 원합니다. 나아가 그런 분들을 평생토록 만나길 오늘도 기도합니다.

생각하기 그리고 내 삶을 위한 흔적 남기기

1. 내가 닮고 싶은 사람이나 존경하는 사람은 누구인가요?

2. 위의 이유 3가지를 적어보세요.

제9장
세상과 나와의 싸움에서 승리로 이끌 나만의 무기

공격은 관중을 부르나 수비는 승리를 부른다.

만약 우리나라 상황처럼 휴전 중이라면 먼저 공격하진 않지만 큰 공격이던, 작은 공격이든 공격을 받으면 못 하도록 대응해야 합니다. 우리의 힘을 제대로 어필해야죠. 강력한 수비를 구축해야 상대가 공격할 때 노출된 강점과 약점을 살펴볼 수 있습니다. 이것을 발견했다면 상대를 위태롭게 하는 적극적인 공략적 공격을 할 수 있습니다. 상대가 어떤 수비의 진을 구축하고 있는지 알지 못한 상태에서 섣불리 공격을 하면 자신이 불리합니다.

수비진을 구축한 후 공격을 받았을 시 수비에만 치중한다면 언젠가 그 수비의 진은 무너집니다. 그러므로 공격을 받은 쪽도 반드시 대응해야 합니다. 이때 하는 대응이 공세적 대응이에요. '우리가 다치면 너희도 다친다.', '우리가 힘이 있다.', '능력이 있다.', '무기가 있다.', '깨어 있다.'는 것을 확실하게 알려줍니다.

운동경기에서 만약 점수를 내어 준다면 그 후엔 점수를 안 주는 것만 필요한 것이 아니라 우리도 공격을 해서 점수를 내야 합니다. 상대의 공격을 막아내고 또 우리가 공격을 성공시켜야 이길 수 있습니다. 수비를 통해 상대방의 공격을 막아낸다면 상대방은 공격에 에너지를 쏟고 있는 상태였기 때문에 수비할 수 있는 시간과 여력이 부족해집니다. 이건 우리의 공격이 보다 효과적으로 적용될 수 있다는 것을 의미합니다. 공격이 성공할 확률이 높아진다는 뜻이죠.

물론 세상의 이치가 전쟁이나 다툼, 싸움으로만 이루어져 있는 것은 아니에요. 하지만 싸워야 할 때가 있고 내가 처한 상황이 전쟁과 같이 느껴질 때도 있습니다. 그럴 땐 이깁니다. 이겨내야 합니다. 반드시 막아내고 기필코 승리합니다.

'공세적'이란 말을 아나요? 사전적 의미는 "공격하는 태세를 갖춘, 또는 그런 것"라고 합니다. 그러니까 공격을 하진 않지만 언제든 공격할 수 있고 그런 능력을 갖추고 운영할 수 있는 상태를 뜻합니다.

'공격은 관중을 부르나 수비는 승리는 부른다'라는 말은 1차원적입니다. 결국 이기지 못하는 팀의 경기에는 관중이 찾아오지 않아요. 수비에 집중하되 기회가 생겼을 때 공격으로 전환하여 팀을 이끌어야 승리할 수 있습니다. 면밀히 살펴보면 농구에서 GOAT라고 불리는 마이클 조던은 공격만 잘하는 선수가 아니었죠. 득점력도 뛰어났지만, 수비수로 상을 수상(농구포지션에서 가드가 이 상을 수상하는 경우는 극히 드묾)하기도 했고 9시즌 연속 올디펜시브 퍼스트팀(가장 수비력이 좋은 선수들을 선정하여 발표)의 가드로 선정되기도 했습니다. 공격만 잘하는 것이 아니라 상대를 막는 수비능력도 탁월했음을 증명해요. 말 그대로 공수겸장의 선수였습니다. 점수를 획득하는 경기에선 상대를 0점으로 막았다면 우리는 반드시 1점 이상을 내야 이길 수 있습니다. 그러므로 수비와 공격, 둘 다를 겸비해야 합니다.

다만, 누구를 먼저 침략하거나 공격하진 않습니다. 나의 힘이나 에너지를 과시하기 위해서 약한 상대를 골라 드러내듯 힘을 쓰지 않는 것이죠. 그렇게 하려고 힘을 비축하고 능력을 키우는 것이 아닙니다.

축구를 예로 들면, 공격수는 화려하고 주목을 많이 받습니다. 골을 넣은 선수가 MVP가 되는 경우도 많고 세계에서 인정하는 발롱도르상을 수상한 선수도 호날두와 메시로 양분되어 있는데 이 일도 둘 다 골을 넣는 공격수이기 때문입니다. 하지만 화려한 공격수로만 이루어진 팀이 잘 되거나 승리를 한 경우는 많지 않죠.

중요한 점을 살펴보면,

첫째, 강력한 수비력을 가지고 있어 상대가 쉽게 공격을 못하도록 합니다. 공격의 엄두조차 못내게 하고 어쩔 수 없이 공격하게끔 만듭니다.
둘째, 나 자신이 공격할 능력을 지니고 있어야 합니다.
셋째, 공격할 때가 되면 즉시 공격합니다. 상대가 다시는 공격하지 못하도록 이기는 것이 중요합니다. 어설프게 이기거나 상대에게 공격할 수 있는 능력을 남겨준다면 언젠가 나도 다시 공격받을 수 있으므로 이길 때는 확실하게 이깁니다.

야구에서도 마찬가지에요. 방어율(투수가 경기당 점수를 내어주는 수

치, 낮을수록 훌륭한 투수임)이 낮은 투수를 소유한 팀이라 하더라도 우리팀 타자의 타율도 낮으면 경기에서 이기기 어렵습니다. 투수는 상대 타자의 타율을 낮추고 우리팀의 타자는 높은 타율로 상대 투수를 공략해서 점수를 내야 합니다. 그래야 경기에서 이깁니다.

다 아시다시피 우리나라 대한민국은 휴전(休戰)상태입니다. 전쟁을 쉬고 있다는 뜻입니다. 바꿔서 말하면 언제든 전쟁의 쉼이 끝날 수도 있다는 의미합니다. 북한은 한국전쟁 이후로 대한민국을 공격한 일이 많습니다. 방송과 신문, 미디어에서 전해주지 않아도 크고 작은 북한의 공격이 많아요. 뉴데일리 2023년 9월 7일 자 뉴스에 따르면 1950년부터 2022년까지 침투도발 건수는 2,002건 가량이 된다고 합니다. 그 방식은 아주 다양하고요. 간첩, 사람, 미사일, 선박, 전투기, 포탄, 피격, 테러 등. 하지만 그들이 그보다 더 큰 공격을 하지 못하는 이유는 대한민국 국군이 깨어서 대응하기 때문입니다. '우리가 자고 있다.', '우리가 힘을 비축하지 못했다.', '우리는 대처하기 어렵다'는 식의 반응을 보이지 않았습니다. 언제 어떻게 무엇으로 도발하는지 '우리는 알고 있다.', '우리는 깨어 있다.', '우리는 힘이 있다.', '대응할 능력이 있다.', '우리에게 무기가 있다.'는 것을 알려주기 때문에 계속해서 휴전이 유지되고 있다고 해도 과언이 아닙니다. 만약, 도발에 우리가 대응하지 않는다면 총알이 포탄으로, 포탄이 미사일로, 미사일은 더 큰 공격으로 넘어옵니다. 우리가 가만히 있으면 반드시 당합니다.

지금도 24시간 경계근무를 하는 중이죠. 지정된 장소에서 누가 또는 무엇이 우리를 위협하는지, 보안을 해치려 하는지 점검하고 감시하고 있습니다. 경계근무 시 무기를 소지하고 있으며 상황에 따라 사용할 수 있습니다. 눈이 많이 온 추운 겨울에도 경계근무는 합니다. 비가 많이 오는 여름에도 경계근무를 합니다. 혹한(酷寒)기, 혹서(酷暑)기에 훈련은 연기할 수도 있지만 경계근무는 합니다. 이유는 도발에 대비하기 위해서이고 대응하기 위해서입니다. 무기로 대응합니다. 경계를 소홀히 해서 부대가 발칵 뒤집힐 뿐만 아니라 전투에서 패배하는 경우도 굉장히 많습니다.

우리가 자신이 가지고 있는 무기를 능숙하게 사용할 줄 알아야 합니다. 총이라면 총도 명중시킬 정도로 쏠 줄 알아야 합니다. 무전기를 쓴다면 무전을 통한 설치 및 조작을 할 수 있어야 합니다. 자신이 소지한 무기는 누구에게도 넘겨주어선 안 되고요. 무기는 자신의 생명과 재산 등을 보호해야 할 순간 사용합니다. 무기가 없이 경계근무를 할 수는 없어요. 공격은 물론 수비도 불가능합니다. 여러분만의 무기를 소유하세요. 무기로 수비의 진을 구축하고 공격을 해야 할 때 확실하게 공격할 수 있도록 평소에 준비를 하십시오.

생각하기 그리고 내 삶을 위한 흔적 남기기

1. 앞으로 나에게 올 기회나 결정적 순간을 위해 현재 내가 하고 있는 준비는 무엇인가요?

2. 여러분은 어떤 경험이 가장 중요하다고 생각하나요?

전신갑주 중 유일한 공격 무기, 성령의 검

완전군장이 무엇을 의미하는지 아세요? 머리에는 방탄헬멧, 전투조끼, 조끼에는 탄알집, 전투복, 전투화, 소총, 방독면, 배낭에는 모프, 침낭, 반합, 천막, 야전삽, 우의 등 넣습니다. 이 모든 것들은 전투 중에 어떻게 사용하느냐에 따라 다르겠지만 주된 공격 무기는 소총이죠. 물론 육군 교범에 보면 각개전투 시 방탄헬멧으로 적의 머리를 공격하는 방법이 나와 있긴 하지만, 이건 특별한 경우입니다. 성경에 나오는 전신갑주(全身甲冑)의 상황도 비슷한데요. 이 갑주 중 공격할 수 있는 무기는 하나입니다. 그것은 바로 '성령의 검'. 나머지 투구, 허리띠, 흉배 등은 방어를 위한 수단입니다.

내가 안전하고 무장되어 있다는 것이 확실하게 인지되면 공격할 때 확실하고 예리하게 할 수 있습니다. 하지만 나의 갑옷에 안전장치가 없다면 공격할 때 주저할 수 있어요. 나를 공격하는 상대를 제압할 땐 나도 공격해야 합니다. 즉 검을 가지고 상대를 베거나 찔러야 한다는 거죠. 하지만 아무렇게나 휘두르거나 찌르는 것이 아니라 상대의 급소 등을 노려 치명상을 입히거나 제압해야 합니다. 나아가 결정적인 순간엔 필살기를 써야 합니다.

세상에서 사회에서 생존하고 살아남기 위해서는 각종 전투에서 나를 드러내고 나타낼 수 있는 나만의 무기와 무기를 사용하는 필살기를 소유해야 합니다. 이때 중요한 것은 나에게 갖고 있는 것을 사용하는 것이지 남의 무기와 기술을 부러워하거나 비교의 대상으로 보는 것은 무의미합니다. 내가 가지고 있는 것을 더 날카롭고 예리하게 연마하는 것이 훨씬 더 중요하고 시간의 낭비도 적어요.

제가 여기서 말하는 필살기는 곧 '나의 강점'입니다. 아이러니하게도 잘하면서도 좋아하는 것, 좋아하면서도 잘하는 것이 나의 강점이 되고 곧 사회에서 쓸 수 있는 필살기가 됩니다. 강점은 강점 1-1, 1-2, 1-3으로 확산되고 발전될 수 있습니다. 예로 들면, 100m 달리기 세계기록 보유자인 우사인볼트가 100m 달리기의 강점을 통해 200m 달리기, 400m 달리기, 400m 계주 등에서도 좋은 기록을 낼 수 있는 이유가 바로 그것입니다. 만약 그가 '내가 못하는 것은 장거리 달리기니까 마라톤이니까 그것을 연습해야지'라고 했으면 우사인볼트 선수는 육상에서 지금과 같은 족적을 남길 수 없었을 것입니다.

'약점을 보완해야겠다.'라고 깨닫는 시기가 살면서 찾아올 때가 있죠. 하지만 먼저 해야 될 것은 '강점 찾기'이고 '강점을 더 강점으로 키우기'입니다. 강점을 세상과 사회에 나아가 나와 맞서 이길 수 있을 만큼 성장시킨다면 우선 자신감이 생기고 자존감이 강해집니다. '내가 세상에 필요한 존재이다.', '나만이 이것을 잘할 수 있다.'라는 메시지가 나의 이성과 감성에 새겨져 있을 때 세상은 그 부분이 필요할 때 나를 찾게 됩니다.

태권도를 잘하는 사람은 우슈도 잘하고 가라테도 잘할 확률이 높아요. 킥복싱을 잘하는 사람은 권투도 잘합니다. 한식 요리를 잘하는 사람은 중식도 잘하고 양식도 잘하고 분식도 잘합니다. 여기에서 퓨전요리도 나오고 더 맛있는 요리도 선보일 수 있어요.

제가 아이들에게 '직업은 꿈이 아니고 꿈의 일부일 뿐이며, 직업이 하나여만 하는 것도 결코, 아니다.'라는 명제를 강조합니다. 동시에 할 수도 있고 순차적으로 할 수도 있습니다. 낮과 밤을 나눠서 할 수 있고 주중과 주말을 구분하여 할 수도 있습니다. 온라인과 오프라인으로도 활동할 수 있어요. 중요한 것은 출발점과 시작점이 자신의 강점이어야 한다는 것이에요. 중심에는 강점이 자리를 잡고 있어야 합니다.

제가 쓴 책 《시야는 넓게 하기, 시선은 고정하기》에도 예로 들고 설명으로 인용한 인물인 석주명 박사님을 살펴봅시다. 그는 나비박사입니다. 동시에 나비 연구가, 생물학자, 곤충학자, 동물학자, 언어학자, 역사학자, 박물학자입니다. 여기서 보면, 박사님은 나비의 연구로 시작해서 생물, 곤충, 동물, 언어, 역사, 박물학으로 확대되었어요. 우리나라에서 나비에 관해 석주명 박사님보다 나은 연구를 하는 사람은 거의 없습니다. 석주명 박사님이 사회에 남긴 가장 큰 공헌은 나비 연구입니다. 나비에 관해 궁금하면 석주명 박사님께서 남기신 자료, 논문, 책 등을 살펴봐야 합니다. 만약 다른 나라에서 나비에 관해 학문적 논의를 하자고 하면 우리나라는 석주명 박사님의 연구자료를 가지고 만나면 되죠. 만약 학문적 논쟁을 하려고 한다면 석주명 박사님의 연구자료가 상대와 겨룰 수 있는 무기가 됩니다.

레오나드로 다빈치를 구글링하면 직업란에 “화가, 조각가, 운동선수, 검객, 발명가, 조각가, 운동선수, 검객, 발명가, 건축가, 과학자, 음악가, 공학자, 문학가, 해부학자, 지질학자, 천문학자, 식물학자, 역사가, 지리학자, 도시계획가, 집필가, 기술자, 요리사, 수학자, 의사이다.”라고 나옵니다. 무려 26개입니다. 예술분야의 강점을 통해 그것이 크게 확산되었다고 볼 수 있습니다.

저는 10살 때 ‘웅변’을 배웠습니다. 많은 사람들 앞에서 ‘말하기’를 할 때 초조함보다는 기대감이 큽니다. 저는 학습법, 진로, 동기부여 등에 대해 가르칩니다. 강의합니다. 설명합니다. 강연합니다. 좀 더 다르게는 프로그램, 행사 등의 사회를 봅니다. 저는 제 자리에서 이 부분에 대해 놓지 않고 확산시키고 있었어요. 저 스스로 자국을 남기며 지내고 있을 때 다음과 같은 연락을 받았습니다.

“○○○에 관해 강의할 사람이 필요합니다. 이 시간에 선생님 가능하신지요.”

“연락주셔서 감사합니다. 스케줄을 살펴본 후 내일 연락을 드리겠습니다.”

즉, 나를 찾아주는 곳이 생겼습니다. 저는 세상의 한 부분에서 쓰임을 받게 되었어요.

《결국 강점》이라는 책이 있습니다. ‘결국’이란 말은, “일이 귀결되는 마당. 어떤 형편이나 국면을 완전히 갖춤”이란 뜻이죠. 즉, 결정적 순간에 완전한 화룡점정(畵龍點睛)을 위해선 ‘강점’이 마침표를 찍습니다.

여러분은 세상에 맞서 승부할 '나만의 강점'을 알고 있습니까? 그 강점을 활용하고 있나요? 여러분만의 강점은 무엇입니까?

생각하기 그리고 내 삶을 위한 흔적 남기기

1. 여러분은 세상에 맞서 승부할 '나만의 강점'을 알고 있습니까?

2. 그 강점을 어떻게 활용하고 있나요?

토대가 되어야 하는 기본기, 결정적 순간에 쓸 필살기

스트리트 파이터나 더 킹 오브 파이터 같은 격투 게임을 아세요? 해본 적도 있나요? 90년대 초반, 90년대 중후반 오락실에서 동전을 넣고 조이스틱으로 하던 게임입니다. 지금도 팬층이 두텁고 심지어 스트리트 파이터라는 게임은 아시안게임 정식 종목으로 채택되어 대한민국 아저씨(?)가 금메달을 획득하여 화제가 되기도 했습니다. 간단하게 게임에 대해 설명하자면 여러 캐릭터 중 원하는 캐릭터를 선택합니다. 캐릭터마다 격투를 하는 이야깃거리가 있고 각자의 기술이 있습니다. 각각 버튼을 누르면 손이나 발로 공격을 합니다. 여기서 조이스틱을 원으로 돌리거나 반만 돌리거나 하는 등의 조작을 하여 버튼을 누르면 캐릭터만의 특별한 기술이 구사되죠. 에너지(?) 또는 일종의 기(氣)같은 것을 모아서 좀 더 강한 공격이 이루어지기도 합니다.

저는 스타크래프트 같은 온라인 게임은 못 합니다. 한다면 단순하고 간단한 게임을 합니다. 요즘엔 고전 게임을 하고자 하는 사람들을 위한 게임기가 있는데 게임기 하나에 약 3,000개의 게임이 내장되어 있어 원하는 게임을 골라서 집에서도 환경과 건강만 허락된다면 주야장천 할 수도 있습니다. 하지만 온라인 게임과는 다르게 고전 게임의 장점은 끝이 있습니다. 최종 보스를 이기면 게임은 끝이 납니다. 더 잘하는 상대를 찾을 수가 없습니다. 바나나 등을 먹어서 점수를 얻고 방울을 터트리는 보글보글 같은 게임도 100판이 끝나면 끝이 납니다.

우리 아들이 초등학교 입학을 앞두고 코로나19가 터졌습니다. 학교 가는 날이 안 가는 날보다 많고 집에 있는 시간이 길어졌어요. 바깥 활동이 제한되어 집에서 할 수 있는 고전 게임기를 사서 아들과 함께 해보았습니다. 당시엔 격투 게임 같은 경우에는 봐주면서 하고 우리 아들은 고급 기술은 쓰지 못하고 단순한 손과 발로 공격하는 정도만 할 수 있었습니다. 하지만 지금은 저보다 잘합니다. 기술도 잘 쓰고 그 기술도 연속으로 사용합니다. 자신만의 주 캐릭터도 있고 중요한 순간 사용하는 역전 기술도 사용합니다.

한 번은 방학 때 중학교 1학년이 된 사촌 형이 우리 집에 놀러 왔어요. 둘이 같이 노는 수단으로 고전 게임을 선택했는데 열 번을 하면 열 번 모두 우리 아들이 이겼습니다. 그럴 수밖에 없는 이유는 여러 가지가 있었죠. 우리 아들은 자주 했으니까. 형보다 잘하는 건 당연하지만 형이 범하는 과오(過誤)가 있었습니다. 그건 바로 능숙하지 못한 기술을 쓰려고 한다는 것. 캐릭터를 바꿔도 이길 수 없었습니다. 한 번도 때리지 못하고 지는 때도 있었죠. 상대를 압도할 필살기를 쓰고자 하는 시도는 다 무산되었습니다. 기본기도 잘 못하면서 필살기를 쓰려는 조작은 한 번도 성공하지 못했어요. 오히려 기본 손, 기본 발 공격이 간헐적으로 성공하는 경우가 있었어요.

우리에겐 기본기+필살기 둘 다 필요합니다. 다만 기본기가 바탕이 되고 필살기가 더해져야 합니다. 기본기를 토대로 필살기가 쌓아져야 한다. 기본기가 뼈대가 되고 필살기는 근육이 되어야 해요. 기본기가 기초가 되고 필살기는 응용이 되어야 합니다.

영국 리그 중 토트넘이란 팀에서 활약하고 있고 국가대표 선수로 공헌한 손흥민 선수는 손흥민 존(zone)이라는 공간에서 골을 잘 넣습니다. 양발 모두 슈팅이 가능한 손흥민은 이 지역에선 특별함을 드러내요. 손흥민의 슈팅은 하루에 1,000개 이상 연습하고 왼발, 오른발 모두 리프팅을 하며 운동장을 도는 훈련과 연습 등이 더해졌기 때문에 가능한 것입니다. 손흥민 선수의 아버지인 손웅정 감독님이 기본기만 7년을 훈련시켰고 눈이 와도 비가 와도 하루도 거르지 않고 훈련과 연습했다는 것은 널리 알려진 사실입니다.

무협영화에서 나오는 무예를 연마하는 사람들은 엄청난 공격력을 갖추고 있지만 경공술이 뛰어납니다. 경공술이란, 달리기가 빠르고 장애물을 뛰어넘고 상대의 공격을 피하고 벽과 지붕을 타는 기술을 의미합니다. 이를 연마할 때 처음에는 자신의 주먹보다 낮은 묘목을 심고 매일 그것을 수백 번 수천 번씩 뛰어넘습니다. 묘목은 매일매일 조금씩 키가 자라죠. 조금씩 뛰어넘는 높이가 높아지지만 매일 뛰어넘었기 때문에 익숙합니다. 나중에는 자신의 키는 물론이고 자기보다 훨씬 높은 높이도 넘을 수 있게 되는 것이죠.

대한민국 초등학교 5학년부터 수학을 포기하는 수포자가 늘어난다고 합니다. 2022년 1월 5일 자 경향신문에 따르면 수포자의 원인으로 초등학교 5학년 '분수의 사칙연산'을 교사들은 짚었어요. 실제로 초등학교 5학년 수학 문제를 보면 한 문제의 길이가 10줄이 넘고 그 안에 포함된 숫자는 6가지가 넘게 나옵니다. 이 중에서 문제를 풀 때 필요 없는 일종의 함정도 있고 3가지 이상의 수식을 종합해야 문제를 풀 수 있습니다. 여기에 필요한 기본기는 첫 번째가 '문해력'입니다. 긴 지문을 읽으면서 무엇이 문제이고 풀어내야 할 답이며 힌트는 무엇인지 구분해 내는 것이 필요합니다. 두 번째가 '사칙연산'을 실수 없이 풀어내는 것입니다. 문제 안에 문제가 포함되어 있어서 연산의 한 곳만 틀려도 문제는 틀립니다. 여기서 '풀 줄 아는데 실수였다'가 많이 발생합니다. 하지만 수학은 이것을 풀어내는 능력 또한 필요한 과목임을 잊어서는 안 됩니다.

성경에 다윗과 골리앗의 이야기를 자세히 살펴보면, 골리앗을 이기고 죽인 것은 물매와 돌입니다.

"다윗이 이같이 물매와 돌로 블레셋 사람을 이기고 그를 쳐죽였으나
자기 손에는 칼이 없었더라"

-사무엘상 17:50-

그리고 칼로 죽이고 머리를 베었습니다.

"…그의 칼을 그 칼 집에서 빼내어
그 칼로 그를 죽이고 그의 머리를 베니…"

-사무엘상 17:51-

블레셋 사람들이 도망을 갔습니다. 왜냐하면 골리앗이 완전 죽었기 때문이죠. 머리가 베어져서 쓰러진 골리앗이 다시 일어서지 못하게 될 것을 알게 되었습니다. 그 후 블레셋 사람들은 노략질당하고 엎드려졌어요. 즉, 완패했습니다. 여러분에게 쓰러뜨릴 물매가 있나요? 탄탄한 기본기가 필살기가 되어서 골리앗 이마에 돌을 박히게 했음을 잊지 마세요. 결국 기본기가 필살기가 됩니다. 상대의 완전히 제압할 칼이 있나요? 그 칼을 활용할 수 있습니까? 능력을 소유하였나요? 순서를 잘 기억하세요. 칼로 죽이기 전에 물매로 쓰러뜨렸다는 것을요.

기본기만 가지고 나와 세상을 제압할 수 없습니다. 하지만 기본기 없이 필살기가 생기지 않아요. 필살기만을 노리고 차근차근 기본기를 연마하지 않으면 안 됩니다. 물론, 우리에겐 반드시 결정적 순간에 쓸 수 있는 필살기가 필요합니다. 하지만 기본기 없이 필살기가 생겨나진 않아요. 여러분 스스로 평소에 쌓아야 할 기본기가 무엇인지 자문해 보세요. 결국 그것이 여러분이 활용할 필살기의 근원이 될 것입니다.

생각하기 그리고 내 삶을 위한 흔적 남기기

1. 여태껏 내가 잘 쌓았다고 생각하는 기본기가 있다면 그것은 무엇인가요?

2. 위의 기본기가 변형되거나 확산되고 있다면 그것이 무엇인지 써보세요.

제10장

그러기에 묵묵하고 당당하게 그분과 걷기

예수님께 업혀가기

몇 년 전 외국에서 한국에서도 보기 힘든 '포대기'가 핫한 인기를 누리고 있다는 뉴스를 본 적이 있습니다. 포대기는 영문으로 'podaegi'로 표기하고 있고 매는 방법도 유튜브에 소개될 정도라고 해요. 연구에 따르면 엄마와 밀착돼 지내는 시간이 많은 아기가 지각 발달과 뇌 발달이 빠르고 친밀감과 더불어 사회성, 독립성이 커진다고 하는데 이에 포대기는 아주 유용하고 편한 상품이라고 합니다.

우리는 어렸을 때 엄마, 아빠에게 업혀 키워졌습니다. 앞으로 착용하는 아기띠와는 다르게 포대기는 업은 사람의 양손이 비교적 자유롭죠. 그렇게 아기와 밀착된 상태에서 다양한 활동을 할 수 있는 장점이 있습니다. 이때 아기는 온전히 엄마에게 의지하게 됩니다. 따뜻한 체온을 느낍니다. 편안하게 잠을 잡니다. 엄마가 가는 곳을 가고, 엄마가 보는 것을 보게 됩니다. 엄마도 아기가 편하게 자는지 알 수 있어요. 좀 더 아이가 크면 '어부바'(한 사람이 다른 사람을 등에 업는 행위를 일컫는 말)를 하여 키우지 않아도 됩니다. 하지만 아기일 때는 필요하죠. 왜냐하면 아기는 혼자 할 수 있는 것이 많지 않기 때문입니다. 위험에 노출되기도 쉽고요. 작고 연약하기 때문에 보호자가 필요합니다. 보호자에게 보호를 받는 가장 좋은 방법은 보호자와 밀착하는 것입니다.

아기와 어린아이는 보호자가 키워줍니다. 길러줍니다. 보호자 없이 혼자 클 수 없어요. 위험에 노출되기 쉽습니다. 안전하지 않습니다. 반면에, 엄마는 등에 업힌 아이에게 좋은 것을 보여주려 합니다. 겨우 나온 손으로 좋은 것을 만져보라 합니다. 쉬라고 합니다. 잘 자라고 하고요, 칭얼대면 토닥여주고 자면 안심을 합니다. 등에서 느껴지는 체온과 교감이 아이에게 안전함과 온유함을 전합니다. 등너머 세상을 보는 아이를 고개 돌려 확인합니다.

네이버포스트에 따르면 어부바는 다음과 같은 좋은 점이 있다고 합니다.

1) 아기의 시야가 넓어진다. 어부바는 아기띠보다 높은 위치에 아이의 시야가 위치하게 되고 이 위치에선 높아진 상태에서 시야가 넓어져서 엄마와 함께 여러 가지 물건을 보고 자극을 받을 수 있다.

2) 아이가 엄마와 같은 방향에 있다. 행동을 흉내내기 쉬워진다. 엄마가 다른 사람과 하는 대화, 동작 등을 보고 느낄 수 있어 이는 사회성 향상에도 도움이 된다.

3) 아기띠보다 밀착도가 높다. 어부바는 같은 방향에 있기 때문이다. 아기띠로 업을 땐 손이 주로 아래에 있는데, 어부바를 할 땐 엄마의 등에 매달리는 위치에 손이 있어서 아기가 좀 더 밀착감, 친숙함을 느끼게 된다. 또한, 아기 몸이 매달리는 듯한 자세가 돼서 자연스레 단련되는 효과도 있다.

저는 누나가 2명이 있습니다. 1살에서 2살 차이인데 어머니는 저를 임신한 상태에서 둘째 누나는 등으로 업고 한 손으로는 첫째 누나의 손을 잡고, 다른 한 손은 짐을 들고 일터에 오고 가고 하셨다고 해요. 당시에는 그렇게 자녀를 키워내신 분들이 꽤 있었습니다. 몸이 얼마나 힘들었을까요? 다리와 허리는 얼마나 아팠을까요? 더운 날에 땀은 얼마나 흘렸을까요? 고되고 힘든 하루하루를 어떻게 지내셨을까요? 저는 막내라 어부바를 제일 많이 누렸고 업혀 있는 시간이 제일 길었습니다. 손과 발이 포대기 밖으로 나왔을 때도 업혀 지냈을 것입니다. 업혀있는 상태에선 업어준 사람을 의지할 수 밖에 없고 의존할 수 밖에 없습니다. 잠도 편히 잘 수 있고 안전하게 지낼 수 있습니다. 자유롭지 못하다고 생각할 수 있지만 물 밖으로 나온 물고기는 살 수 없다는 것을 떠올려 보세요. 물고기는 물 속에 있는 것이 자유롭고 안전한 것처럼 아기는 엄마와 붙어있는 것이 가장 좋습니다.

등이 주는 안정감은 무엇일까요? 편안함은 무엇일까요? 엄마는 고개를 돌려 아기를 확인하는 수고로움에도 불구하고 아기의 표정을 살핍니다. 고개를 돌려 입에 맛있는 것을 넣어줍니다. 꽃과 나뭇잎을 만져보게 하고요 날이 추우면 덮어주죠.

아직 어리고 여린 상태라면 보호자와 밀착되어 있는 것이 안전합니다. 어느 정도 기간은 보호를 받아야 합니다. 동물들도 마찬가지입니다. 사자도 세 살이 될 때까지 어미 사자가 보호하며 기릅니다. 아동 도서인 《동물들은 새끼를 어떻게 돌볼까요?》를 보면 캥거루는 새끼를 주머니에 넣어서 키웁니다. 미시시피악어는 암컷이 둥지를 만들고 알을 품을 준비를 합니다. 부화 후에도 어미의 입 속에서 넣어 운반을 하며 보호를 해요. 황제펭귄은 수컷이 자기 발 위에 알을 두고 64일을 견딘다고 합니다. 추위로부터 보호하기 위해서요. 기린도 엄마 배 속에서 1년 이상 지낸 후 세상 밖으로 나올 수 있습니다. 초식동물은 태어나자마자 걸을 순 있지만 그냥 두면 천적에서 잡혀 먹힐 가능성이 높기 때문에 어미는 새끼를 감춥니다. 동물들도 어릴 때 부모와 함께 지냅니다. 먹이 구하는 방법도 배우고, 구애 행동, 천적을 따돌리는 방법, 생존의 방법을 배웁니다. 그래야 그 동물이 자신의 새끼를 낳았을 때 새끼를 학습시킬 수 있습니다. 다만, 독립의 시기에는 독립해야 합니다. 마냥 품 안에 있을 수는 없어요. 그러나 독립을 하기 위해서 그 전엔 보호자의 보호 안에서 커야 합니다.

신앙에서도 마찬가지입니다. 믿음이 생기면 믿음이 커져야 합니다. 소망이 생기면 소망이 커져야 합니다. 사랑이 생기면 사랑이 커져야 합니다. 성령님을 만나면 성령으로 충만해야 하고 성령의 열매를 맺어야 합니다. 신앙이 머물러서는 안 되고 멈춰있어서도 안 됩니다. 순서가 중요해요. 씨앗이 심어지면 싹이 나고 줄기가 크기 전까지는 보호받아야 합니다. 훈련되고 견디어 내야 잘 클 수 있다고 해서 씨앗부터 새싹부터 그럴 필요는 없습니다. 처음부터 그렇게 하면 위험합니다. 햇빛에 노출되면 타버립니다. 바람이 불면 휘날려 사라집니다. 비를 너무 맞으면 썩어 버립니다. 우선 비옥한 땅에 심어져서 뿌리를 내리고 싹이 나야 합니다. 비바람을 견디어 낼 정도로 줄기도 자랄 때까지 말이죠. 사람도 아기 때는 젖을 먹고 그 후에 이유식을 먹은 다음 커서 일반식을 먹을 수 있습니다. 예수님의 돌봄을 받고 신앙이 자라야 합니다.

'보호', '돌봄', '케어'가 있고 난 후 '자립', '독립', '도전', '시도' 등이 이루어집니다. 가능해집니다.

여러분은 누구와 밀착되어 살았나요? 충분히 보호받고 안정감 속에서 자랐습니까? 또한, 지금은 누구와 밀착되어 살고 있나요? 누구를 보호하고 누군가에게 안정감을 주며 살고 있는나요? 스스로에게 물어보세요.

생각하기 그리고 내 삶을 위한 흔적 남기기

1. 나는 지금 누구와 가장 밀착하여 살아가고 있나요?

2. 나는 어떠할 때 충분한 안정감과 보호됨을 느끼나요?

예수님을 따르기

〈상황1〉 한 겨울에 눈이 내린 길을 본 적이 있는나요? 만약, 허허벌판에 눈이 발목 이상 쌓였다면 어디가 길이고, 어디가 살얼음이 언 호수인지 알 수가 없을 때 어디로 어떻게 가야 할까요?

발자국이 있다면 일단 안심합니다. 누군가 먼저 갔고 그 흔적이 끊겨있지 않다면 그곳은 길이기 때문이죠. 발자국이 있다면 우리는 알 수 있습니다. '저기가 길이구나.'라고요. 눈 위는 걸을 때마다 발자국이 생깁니다. 또는 발자국을 보면 몇 명이 갔는지, 어느 방향으로 갔는지 알 수가 있습니다. 허허벌판의 눈 덮인 곳은 어느 곳이 길인지, 어느 곳이 얼어있는 물인지 알 수가 없지만 발자국이 있다면 거기가 길입니다. 갈 수 있는 곳이고요, 안전한 곳입니다.

〈상황2〉 산에서 길을 잃은 상황에서 목적지를 찾아 가려면 어떻게 해야 할까요?

목적지와 방향을 확인합니다. 확인 후 확신이 들면 길을 개척해서 갈 수 있습니다. 산 속에서 길을 잃었다면 방향을 찾아야 합니다. 나무의 나이테를 통해 방향을 찾을 수도 있죠. 밤이라면 북극성을 통해 북쪽을 확인하고 나머지 방향을 구분할 수 있습니다. 이때 우리의 시선은 바닥이 아니라 목적지입니다. 목적지가 확인되면 길이 험해도 갑니다. 장애물이 있다면 넘어서 가죠. 중요한 것은 목적지에 도착을 하는 것이기 때문입니다.

〈상황3〉 깜깜한 밤에 길을 잃었다면 어디로 어떻게 가야 할까요?

본래, 이번 꼭지의 길을 쓸 때 발자국과 발자취를 따르는 것에 대해 주제와 키워드를 정해서 쓰려고 했는데 머릿 속에서 떠나지 않는 단어가 있습니다. 그것은 바로 '빛'입니다. 빛을 향해 가면 빛의 근원지를 만날 수 있어요.

위의 상황 1, 2, 3 다 해결할 수 있는 방법이 있습니다. 그 방법은 길도 잘 알고 목적지를 잘 아는, 용기가 있고 신뢰할 수 있는 사람이 앞장서서 가고 나는 그 사람을 따라가는 방법입니다. 앞장서서 가는 그의 자취를 따르는 것입니다.

우리는 어떤 길을 떠나거나 여정을 떠날 때 의식하지 못하지간 안전하다고 인식되어야 그 길을 갑니다. 목적지가 정해지면 방향이 맞아야 발걸음을 옮깁니다. 누군가 앞장서서 간다면 그 누군가를 신뢰해야 따라갑니다. 그 누군가가 '이 길을 잘 안다.', '목적지를 나브다 잘 찾아갈 수 있는 능력을 소유하고 있다.', '나보다 용기있고 위험을 감수할 의지의 능력자다.' 등의 이해와 동의가 되어야 따릅니다.

저는 길눈이 밝은 편이 아닙니다. 군대에서도 독도법이 서툴러 훈련 중에 지형정찰을 떠났다가 지휘본부에 뒤늦게 도착한 적도 있습니다. 당시 작전장교가 '도대체 어디를 갔다왔냐'고 물으면서 혼을 냈는데 대답할 수 없었습니다. 어디를 다녀온 지 알아야 대답을 할 수 있잖아요? 어디를 다녀온 지 모르는데 어떻게 대답을 합니까? 제가 독도법을 따로 연습하기 전까지 훈련 중 가장 신경썼던 부분은 앞에 가는 차, 중대, 첨병(행군의 맨 앞에서 경계, 수색하는 임무를 맡은 병사, 또는 그런 부대)을 잃지 않는 것이었어요. 이제는 시대가 좋아져 스마트폰으로 목적지를 설정하면 가는 방법을 알려주고 지도의 화살표도 나옵니다. 자동차를 타면 내비게이션이 가는 법을 알려주죠. 하지만 진짜 심각한 길치는 지도가 있어도 무용지물이고 스마트폰이 있어도 잘 활용하지 못합니다. 길눈이 밝은 사람은 길치를 이해하지 못합니다. 길치는 "공간지각력이 낮아 길 또는 방향을 찾는 능력이 떨어지고 목적지에 도달하지 못하고 헤매는 사람"을 의미해요. 길치의 특징은 자신의 감에 의존하여 길을 간다는 점입니다. 눈앞에 문이 보일때 자신의 감에 좋은 느낌이 들면 그냥 그 문에 들어가거나 나갑니다. 지하철에서 출구의 번호나 환승의 위치를 확인하고 발걸음을 움직여야 하는데 그렇지 않습니다. 저의 지인은 지도나 약도는 외국어로 쓴 글처럼 느껴진다고 했습니다. 환승해서 가면 세 정거장이면 갈 곳을 자신이 익숙하고 아는 길의 방법으로 열 정거장이 걸려 다니는 경우도 봤습니다. 길치의 두 번째 특징은 무엇인지 아나요? 가까운 길이던지, 먼 길이던지 상관없이 우선 자신이 아는 지역과 접점 지역이 있는지를 찾는 것입니다. 그 지점이 발견되면 거기서부터 다시 시작합니다. 돌아서 가도 상관없어요. 우선 아는 지점과 지역이 나와야 합니다. 그것을 중심으로 환승을 하거나 거쳐서 가거나 합니다. 이렇게 길눈이 어두운 사람이 길을 떠날 때 필요한 것은 차차 지도를 보거나 지형물을 기억하는 훈련이지만 이것은 하루 아침에 되지 않죠. 아주 오래 걸립니다. 어렵습니다. 앞으로 차차 차근차근 한다면 지금 당장 여정을 떠나거나 장소를 찾아갈 때 가장 좋은 방법은 길을 잘 아는 사람을 따라가는 것입니다.

양은 눈이 엄청 나쁩니다. 겁도 많은 동물이죠. 털도 자주 다듬어 줘야 합니다. 그렇지 않으면 털의 무게에 눌려 거동도 못하게 됩니다. 혼자 힘으로 물이나 풀을 찾아 먹는 능력이 거의 없습니다. 방향 감각도 거의 없어요. 넘어지면 혼자 일어서지 못합니다. 이동속도도 느리고 공격력, 방어력도 없습니다. 이런 동물인 양에게는 무엇이 필요할까요? 바로 '목자'입니다.

만약 지금 상황이 전투 중이고, 전쟁 중이라면 전술 능력이 뛰어나고 신뢰감을 주는 리더가 나를 따르라고 하면 따라갑니다. 하지만 '네가 먼저 가봐 네가 앞장서서 가봐'라고 하는 리더가 있다면 지금 당장 가 보기는 해도 후에 그 리더는 따르지 않습니다. 더 나은 리더상을 알아볼까요? 영화 《300》을 봅시다. 스스로를 '관대하다'고 말하는 크세르크세스가 부하들의 머리를 밟으며 등장합니다. 그리곤 이런 말을 하죠. "나는 승리를 위해 내 부하들을 죽일 수도 있다." 반면에 레오니다스 왕은 다음과 같이 말했습니다. "나는 내 부하들을 위해서 죽을 수도 있다."타고요. 여러분은 어떤 리더를 따르겠습니까? 우리는 우리를 위해 죽으신 예수님을 따라야 합니다. 그리고 부활하신 예수님을 따라야 합니다. 결국 우리를 살리시는 분은 예수님이시기 때문입니다.

국민일보 《겨자씨》에서 아래와 같은 문구를 본 적이 있습니다.

"파리를 따라가면 화장실로 가게 되고, 벌을 따라가면 꽃을 구경합니다. 도둑을 따라가면 담을 넘게 되고, 참스승을 따라가면 지혜의 집으로 가게 됩니다. 철학을 따라가면 물음표의 세계에 다다르고, 성경을 따라가면 진리의 세계에 이릅니다."

우리는 누구를 따라가야 할까요? 우리가 어둠 속에 있다면 빛을 따라가야 합니다. 처한 곳이 환하다면 더 밝은 빛을 따르십시오. 즉, 빛 되신 예수님을 따라가야 합니다. 참된 빛을 따르세요. 말씀을 따르십시오. 주님을 따르세요. 예배를 따라야 합니다. 성령님을 따르십시오. 주님 가신 길을 따르기 바랍니다. 십자가를 따르고 좁은 길을 따르십시오. 선한 길을 가시고 사랑을 베푸는 길을 따라가십시오. 목자를 따르고 진리를 따르십시오.

자기 생각을 따라가면 겨우 자기 수준으로 살고, 하나님의 생각을 따라가면 하늘의 수준으로 살게 됩니다. 이방 여인 룻은 하나님을 선택해 나오미를 따라 베들레헴으로 가면서 예수님의 족보에 오른 여인이 됐습니다. 베드로는 예수님을 따라가 사람 낚는 전도자가 됐습니다. 마귀를 따라가면 마귀가 가는 지옥에 가게 되고, 예수님을 믿고 따라가면 천국에 가게 됩니다.

"말씀하시되 나를 따라오라 내가 너희를
사람을 낚는 어부가 되게 하리라 하시니."

-마태복음 4:19-

즉, 우리는 주님만 따르면 됩니다. 주님만 따라야 합니다.

생각하기 그리고 내 삶을 위한 흔적 남기기

1. 살면서 길을 잃은 경험이 있나요? 그때 나는 무엇을 했나요?

2. 길을 잃지 않기 위해 나만의 노하우나 방법이 있다면 무엇인가요?

예수님과 동행同行하기

동행: "함께 가거나 오거나 하는 것, 둘 또는 여러 사람이 같이 길을 감"

동행은 복수 (둘 이상)이어야 성립이 됩니다. 혼자서는 동행을 할 수 없어요. 방향도 같아야 합니다. 속도도 같아야 하죠. 서로 붙어있거나 같이 가까이 있어야 합니다. 방향이 다르면 동행할 수 없습니다. 속도가 다르면 동행할 수 없습니다. 붙어있거나 가까이 있지 않다면 동행할 수 없어요. 동행은 '같이', '함께'라는 전제가 붙죠.

동행은 히브리어로 '할라크' 영어로는 'walk with'입니다. '함께 걷는다'란, 본뜻 이외에 '삶의 방식을 따른다'라는 의미가 있습니다. 동행은 둘이 팔짱을 끼고 계속 대화하며 더욱 가까워진다는 뜻을 담고 있습니다. 점점 더 멀어지는 것이 아니라 점점 더 가까워지는 것이 동행입니다. 뜻이 같거나 뜻이 같아지는 과정이 동행에 포함됩니다.

동행이란, 단어와 가장 깊은 관계가 있는 성경인물은 바로 '노아'와 '에녹'입니다. 노아는 '하나님과 동행한 자'라고 적혀있습니다.

"이것이 노아의 족보니라 노아는 의인이요
당대에 완전한 자라 그는 하나님과 동행하였으며"

-창세기 6:9-

수학적 문장이 명제로 풀어보면 '의인은 하나님과 동행한 자'입니다' 이것은 '참'입니다. '완전한 자는 하나님과 동행한 자'입니다. 이것 또한 '참'이죠. 이에 대한 역인 문장인 '하나님과 동행한 자는 의인이다'. '하나님과 동행한 자는 완전한 자이다.' 이 명제도 참이네요. 즉 하나님과 동행하면 의인이 될 수 있다는 뜻입니다.

에녹을 살펴보면요,

"므두셀라를 낳은 후 삼백 년을 하나님과 동행하며 자녀들을 낳았으며
에녹이 하나님과 동행하더니 하나님이 그를 데려가시므로 세상에 있지
아니하였더라"

-창세기 5:22, 24-

에녹은 어떤 사람이길래 하나님과 동행하고 나아가 하나님이 데려가셨을까요? 히브리서 11장 15절에 보면 '하나님을 기쁘시게 하는 자'라고 되어 있습니다. 하나님을 기쁘시게 하는 사람이 하나님과 동행할 수 있어요. 반대로 동행하면 하나님과 기뻐할 수 있는 사람입니다. 하나님과 친밀하세요. 기쁨을 올려드리고 기쁨을 받아 누리십시오.

'구원'이라는 것은 일시적이면서도 지속적인 사건입니다. 하나님을 만나는 순간이 구원이기도 하지만 하나님의 뜻에 따라 살며 하나님과 동행

하는 삶 또한 구원의 삶입니다.

저는 현재 아내와 동행합니다. 주님과 동행합니다. 제가 아내와 동행하는 이유는 평생을 동행할 수 있다는 믿음이 있기 때문입니다. 함께할 수 있는 소망을 품었기 때문입니다. 무엇보다 서로를 사랑하기 때문이에요. 이에 매일매일 동행합니다. 매일 감사가 넘칩니다. 매일 즐겁습니다. 때론 시험이 있어도 함께 극복합니다. 동행하고 있기에 가능합니다.

찬송가 442장 《저 장미꽃 위의 이슬》의 가사를 보면, 후렴이 아래와 같죠.

주님 나와 동행을 하면서
나를 친구 삼으셨네
우리 서로 받은 그 기쁨은
알 사람이 없도다

'친구', '우리', '서로', '기쁨' 이런 키워드가 동행과 아주 밀접하다는 것을 알 수 있죠. 동행은 친구와 할 수 있습니다. 동행하면 혼자가 아닌 우리가 됩니다. 동행하면 서로가 됩니다. 동행하면 기쁨이 생깁니다. 이 기쁨은 같은 기쁨이 압니다. 누구도 알 수 없는 기쁨입니다. 주님과 동행하면서 얻은 나만의 기쁨입니다. 어느 것과도 비교할 수 없는 기쁨. 동행을 통해 얻을 수 있는 것이죠.

사람은 누군가와 함께해야 합니다. 다들 알겠지만 사람 人은 두 명의 사람이 서로 기대고 있는 상형문자죠. 한 획만 빠지면 사람은 넘어지는 의미를 담고 있습니다. 당신은 누구와 동행하고 있나요?

사람은 태어나면 아기로 시작합니다. 다만, 아기는 아기에, 어린아이는 어린아이에 머물러 있을 순 없다고 했죠? 더구나 단순히 시간만 흐른다고 어른이 되지 않습니다. 어른은 다 큰 사람, 다 성장해서 사회에 나가 책임을 질 수 있는 사람을 의미하기 때문입니다. 그리고 평생을 함께할 동반자, 배우자를 만납니다.

찬송가 435장도 봅시다. 생명보다 귀하기 때문에 주님과 동행합니다. 세상부귀보다 귀하기 때문에 주님과 동행합니다. 명예를 버리고 주님과 동행합니다. 그 길이 험한 길입니다. 그래도 주님과 동행합니다. 어둔 골짜기일지라도 주님과 동행합니다. 험한 바다여도 주님과 동행합니다. 그 끝이 천국이기 때문에 주님과 동행합니다. 갈 길 다가도록 동행합니다.

이 고백이 여러분의 평생 고백이 되길 기도합니다. 증보합니다.

생각하기 그리고 내 삶을 위한 흔적 남기기

1. 여러분은 누구와 동행하고 있습니까?

2. 그 동행의 가장 큰 이유와 근거는 무엇입니까?

제11장

나를 누구보다 사랑하시는 예수님만 **믿기**

참된 믿음, 거짓된 믿음

우리가 믿어야 할 대상은 오직 '예수님'뿐입니다. 그 외 다른 어떤 것을 믿을 수도 믿어서도 안 됩니다. 이 글을 쓰기 전 믿음에 관해 글을 쓰려고 하다가 잘 아는 박준영 목사님께 부탁을 드렸습니다. 제가 한 물음과 요청은 아래와 같았습니다.

"목사님 제가 '믿음'을 키워드로 글을 쓰고 있는데 아래 질문에 한 줄 정리로 답변 부탁드립니다."

Q: 삶의 가치 기준에 있어서, 믿음이란 무엇이며, 믿음이 필요한 이유는 무엇입니까?

아래와 같이 답변을 받았어요.

A: 믿음은 바라는 것을 얻는 것이 아닙니다. 믿음은 사람의 다짐, 의지, 노력의 산물이 아닙니다. 믿음은 그릇입니다. 꿈을 담는 그릇입니다. 예수님을 믿는 사람은 믿음의 그릇 속에 죄의 용서와 의롭게 된 자의 꿈을 담습니다. 성령충만함을 받고 성결하게 된 자의 꿈을 담습니다. 그러

므로 가치로운 삶에 있어서, 그 꿈이 분명하고 영롱할수록 믿음의 그릇은 반드시 필요합니다.

죄가 용서되는 그릇, 그래서 의롭게 되는 것, 성령충만함을 받고 성결케 되는 그릇. 이것이 '믿음'이라고 정리할 수 있었습니다.

저는 알고 있었어요. 그래서 부탁을 드렸죠. 목사님께서 저의 질문과 요청에 관해 답을 해주실 것임을 알고 있었습니다. 이 '앎'은 일종의 '믿음'과 유사하다고 생각합니다. 즉, 저는 목사님께서 저의 요청을 거절하지 않고 답을 주실 것이라는 확신이 있었어요. 하지만 우리가 가져야 할 '믿음'이 저의 '앎'보다 더 크고 더 깊이있는 의미일 것입니다.

믿음(Belief, Faith)은 "어떠한 가치관, 종교, 사람, 사실 등에 대해 다른 사람의 동의와 관계 없이 확고한 진리로서 받아들이는 개인적인 심리상태"를 뜻합니다. 국립국어원의 표준국어대사전에는 "어떠한 사실이나 사람을 믿는 마음"으로 설명되어 있어요. 이 사전적 정의로 믿음을 100% 설명할 수 없습니다. 이 명제를 이해한다고 믿음이 생기진 않을 것입니다. 믿음은 논리와 이성의 영역이 아니라 신앙의 영역이기 때문입니다.

목사님의 답변을 보면 믿음은 '바라는 것을 얻는 것이 아니다.'라고 했어요. 이 의미는 많은 사람들이 믿음을 '바라는 것을 얻는 것'이라고 여기기 때문일 것입니다. '다짐, 의지, 노력의 산물이 아니다.'라고 한 것을 보면 사람은 자신의 다짐과 의지, 노력으로 무엇인가를 원하는 바를 이루려고 하기 때문이겠죠. 사람들은 자신이 마음을 먹고 노력을 하면 뭐든지 이룰 수 있다고 믿습니다.

현시대에 믿음과 혼동되는 원리 또는 법칙을 다뤄보겠습니다. 그것은 두 가지입니다. 하나는 론다 번의 《더 시크릿》에 나오는 '끌어당김의 법칙'이고 다른 하나는 네빌 고다드의 '가정의 법칙'입니다. 더 시크릿에 나오는 내용은 아래와 같습니다.

더 시크릿은 긍정적인 감정을 계속 항상 유지하여 긍정적인 주파수를 맞추라고 합니다. 우리가 세상을 보고 판단해온 방식을 반영하는 것입니다. 어떤 사실이 진실이라고 확신하거나 수용하는 것이라 합니다. 그것이 무엇이든 그 사실에 의문을 품지 않는 한 그 사실은 진실이 됩니다. 우리가 무엇을 할 것인지 아니면 말 것인지, 그리고 어떻게 성취할 것인지를 결정하는 유일한 요소는 믿음이라고 해요. 모든 수단을 동원해서 일단 그것을 믿기로 하면 그것이 진실일 것이라고 확신한다는 것, 믿는대로 된다고 합니다. 론다 번은 성경도 인용합니다. "믿고 구하는 것은 다 받으리라."라고요. 이전에는 안 된다고 했는데 지금은 그것을 극복하거나 이뤄낸 부분이 증거가 된다고 제시합니다. '서핑은 8미터 이상 할 수 없다.'라고 했지만 지금 40미터 이상 서핑을 한다. 사람은 '100미터를 10초 내에 달릴 수 없다고 했지만 이 기록은 깨진 지 오래되었다.' 등을 제시합니다. 더욱이 몰입(플로우)을 하면 이것이 더욱 가능하다고 합니다. 뇌의 비밀이 있는데 뇌에서 가장 중요한 보상 화학물질인 도파민과 옥시토신이 나오고요, 이것들은 우리가 기본적 생존 조건을 충족하려는 과제를 성취했거나 성취하려고 할 때 기분이 좋아지게 만드는 일종의 쾌락

약물인데, 끌어당김의 법칙에서 언제나 기분 좋은 상태를 유지하라는 이유가 이것 때문이라고 합니다. 우리를 행동하도록 충동질하고 만일 그 행동이 성공이라는 결과로 이어지면 기억 속에서 그 행동을 강화합니다. 현재 그것이 이미 이뤄진 것처럼 믿고 행동하라고 하고. 인생에서 원하는 것이 무엇이든 현재의 상태가 그것을 결정한다고 하죠. 끌어당김의 법칙은 현재에 몰입하는 것을 강조합니다.

결론적으로 말하면 '끌어당김의 법칙'은 '믿음'이 아닙니다. 믿음이라는 요소를 포함하고 있고 긍정과 가능성, 성취, 성공, 행복 등을 이야기하고 있지만 가장 중요한 것이 빠져 있어요. 이것이 빠져 있으면 세상의 성취와 만족, 성공은 아무것도 아닙니다. 이것은 바로 '예수님'입니다. '예수가 다다.', '예수가 전부다.' 이것이 빠지면 그것은 믿음이 아닙니다.

두 번째로 다룰 네빌 고다드 또한 마찬가지죠. 그가 말하는 법칙은 원하는 것이 아니라, 원하는 것이 이루어진 상태를 상상하라고 합니다. 이미 이루어졌다고 가정을 하는 것이어서 '가정의 법칙'입니다. 그래서 뭐죠? 그 안에 예수가 있나요? 예수가 없다면 그것도 헛것입니다. 가짜에요. 네빌 고다드가 말하는 법칙·이론 또한 참 믿음이 아닙니다. 믿음은 시작에도 중심에도 끝에도 예수님이 계셔야 합니다. 이유도 목적도 예수님이 있어야 해요.

존 파이퍼 목사님은 믿음에 대해 다음과 같이 말씀하셨습니다. "믿는 것은 영혼이 예수님께 나아와서 그분을 보배로 받아들이는 것입니다. 물, 음식, 주님, 구세주, 하나님께서 그분 안에서 여러분에게 주시는 모든 것으로 그분을 받아들이는 겁니다. 저는 당신을 얻었습니다. 당신을 받아들입니다. 저는 다른 걸 원치 않습니다. 네! 이것으로 충분합니다."라고 했어요. 이것이 믿음입니다. 영접하는 것과 믿은 것은 같이 가는 겁니다. 믿는 것은 나아가는 것이고 받아들이는 것이며 먹는 것이고 마시는 것이며 쉬고 기뻐하고 만족하는 겁니다. 하나님께서 그리스도 안에서 우리에게 주시는 모든 것으로 인해서요."

위 두 사람과 존 목사님의 차이점을 느낍니까? 위 두 사람은 '된다.', '할 수 있다.', '이뤄진다.', '가능하다.'를 말하고 그것을 실제로 이뤄내기까지 합니다. 하지만 예수님이 없습니다. 하지만 존 목사님의 핵심은 예수님입니다. 예수님이 만족입니다. 예수님이 기쁨입니다. 예수님이 구원입니다. 예수님이 보배입니다. 예수님이 모든 것입니다. 즉 믿음은 예수님을 향해야 하고 믿음의 기반과 믿음의 결과, 믿음의 처음과 끝, 모두 예수님이어야만 합니다.

여러분에게 다른 것은 다 없어도 예수를 향한 믿음, 예수로 인한 믿음, 예수만 믿는 믿음이 있길 그 무엇보다 원하고 기도합니다. 이것 갈고는 다른 가치, 귀중한 것, 소중한 것은 없기 때문입니다. 예수님이 전부입니다.

생각하기 그리고 내 삶을 위한 흔적 남기기

1. 여러분은 무엇을 가장 믿고 신뢰하고 있나요?

2. 위와 같이 느끼거나 생각하는 이유는 무엇인가요?

예수님"만" 믿는 믿음

누구를 믿느냐, 무엇을 믿느냐도 중요합니다. 다만, 조건이 붙어야 해요. 명제를 만든다면 '만'이라는 조사가 붙어야 합니다. '도'라는 조사는 아주 위험합니다. '도'라는 조사가 붙는다면 그것은 참된 믿음이 아닙니다.

"예수께서 이르시되 내가 곧 길이요 진리요 생명이니
나로 말미암지 않고는 아버지께로 올 자가 없느니라"

-요한복음 14:6-

Jesus answered, "I am the way and the truth and the life.
No one comes to the Father except through me.

-Jhon 14:6-

중요한 것은 '예수님을 통하지 않고서는 안 된다.'는 의미입니다. '올 자가 없다'라고 해서 '아니, 내가 아버지께로 가는 거 아닌가? 우리가 하나님께로 가야 하는게 맞지 않나?'라고 생각을 했습니다. 자세히 보니 영어에선 'come'이란 단어를 썼지만 현대인의 성경에서는 '갈 자가 없다'

고 써 있어요. 그러니까 '오던지 가던지'보다 중요한 건 '하나님 아버지를 만난다.'는 것입니다. 하나님 곁으로, 하나님 품으로, 하나님께로 가던지, 오던지 말이에요.

길(Way)이요, 진리(Truth)요, 생명(Life) 이 세 가지는 같은 의미입니다. 길의 반대는 막혔다는 것이고 진리의 반대는 거짓이란 의미이며 생명의 반대는 죽음이기 때문에 막히고, 거짓이고, 죽음도 같은 부류의 뜻입니다. 이 한 문장, 명제를 누가 말했느냐도 중요합니다.

위 문장을 수학처럼 풀어보면 '예수님=나=길=진리=생명'입니다. 앞서 언급한 것처럼 구약에서 보면 모세가 하나님을 만났을 때 하나님께서 대답하셨습니다. "나는 스스로 있는 자이다."라고 기록되어 있는데 영문을 직역하면 "나는 나다."라는 말입니다. "누구세요?"라고 물으니 "나는 나다."라고 대답하신 대화가 이해가 되나요? 하지만 하나님은 하나님이시기에 그렇게 대답하시는 것이 아주 당연한 것이지 않겠습니까?. 다시 위의 공식을, 내용을 다시 보세요. 막다른 골목, 거짓, 죽음은 하나님과 맞지 않습니다.

길은 어떤 의미를 가지고 있을까요? 나무위키를 보면 "사람이나 동물 또는 자동차 따위가 지나갈 수 있게 땅 위에 낸 일정한 너비의 공간"이라고 정의하는데 이것은 약간 부족하네요. 바다에도 길이 있고 하늘에도 길이 있기 때문입니다. 선박이 다니는 뱃길(해양항로), 비행기가 다니는 항공로가 바로 그것이기 때문입니다. 한국민족문화대백과사전을 보면 세 가지 뜻으로 정리하는데 "첫째는 교통수단으로 길, 둘째는 방도를 나타내는 길, 셋째는 행위의 규범으로서의 길"입니다. 예수님께서 자신을 길이라고 말씀하신 뜻은 위의 의미를 모두 포함합니다. 하나님께로 가는 유일한 교통수단, 하나님께로 가는 유일한 방법, 하나님께로 가도록 하는 지켜야 할 규칙이 예수님이라는 의미에요. 어디 목적지로 이동할 때 올바른 교통수단을 타야 그곳에 갈 수 있죠. 그렇지 않으면 엉뚱한 곳에 도달합니다. 당연한 이치입니다. 무엇을 탄다는 것은 그렇게 중요한 것이 아닙니다. 중요한 것은 올바른 목적지에 도착하는 것입니다. 아무리 좋고 아무리 빠른 교통수단을 이용해도 다른 곳에 도착하면 꽝입니다.

SBS에 《신사의 품격》이라는 드라마에서 선생님 역할을 하는 김하늘이라는 배우가 학생 역할로 나온 김우빈에게 얘가 학교에서 잠만 자니까 이런 말은 합니다.

"책 속에 답은 없지만 길은 있을 거야."

이것을 신앙적으로 바꿔봅시다. '다른 곳엔 답이 없습니다. 길도 없습니다. 성경 속에 답이 있습니다. 그리고 성경은 답을 합니다. 예수님만이 유일한 길이라고'. 이 단순한 명제를 잊지 마세요. 신뢰하세요. 마음의 판에 깊게 새기십시오.

진리는 무엇일까요? 진(眞): 변하지 않는 것으로 리(理): 다스린다는 뜻입니다. 여기에 분명히 사실이라는 키워드가 접목됩니다. 하나님은 변함이 없는 성품을 가지고 계십니다. 야고보서 1장 17절에 보면 "그는 변함도 없으시고"라는 구절이 있어요. 즉, 하나님만이 변함이 없으시기 때문에 그분이 진리이고 거기에 진리가 있다는 뜻입니다.

BBC 선정 100대 미국 영화에도 선정되었고 지금도 많은 사람들이 좋아하는 SF 걸작 영화가 있습니다. 《빽투더퓨처》라는 영화인데 1, 2, 3편까지 제작된 영화입니다. 85년 제작·개봉하여 큰 인기를 얻었어요. 과거와 미래를 오가는 타임머신을 소재로 한 영화입니다. 영화 속에 보면 여러 가지 당시 신기한 물건들이 소품으로 많이 나왔습니다. 예를 들면 "화상통화, 화상회의, 홍체인식, 컴퓨터가 되는 전화기, 4D영화, 드론, 지문인식, VR안경 등"이 그러합니다. 더 신기한 사실은 위의 예시들이 모두 지금은 우리가 사용하는 현실이 되었다는 점이에요. 세상은 발전하고 끊임없이 변화합니다. 없어지고 사라집니다. 개발되고 개척됩니다. 심지어 태양도 수명이 있어요. 우주도 변화합니다. 다만, 오직 한 가지 변하지 않는 것이 있죠. 그것은 바로 진리되신 예수님입니다. 말씀되신 예수님입니다. 예수님만 변하지 않으십니다.

생명은요? 영어로 'life'입니다. 여기서는 철자를 따서 4행시로 의미를 풀어보겠습니다.

L은 'live: 살아있다'입니다. 살아있는 것에 생명이 있습니다. 죽은 것은 생명이 끊겼습니다. 생명이 없어요.

I는 'inhale: 숨을 들이쉰다'입니다. 하나님께서도 창조하실 때 생기를 넣으셔서 생명이 있게 하셨습니다.

F는 'feel: 느끼다'입니다. 살아있는 존재는 느낍니다. 감각을 통해 자극을 깨닫습니다. 감정을 체험합니다. 겪고 깨닫습니다.

E는 'exist: 존재하다, 실존하다'입니다. 살아있는 것들은 현 상황에 존재합니다. 실재(實在) 합니다. 현존(現存)합니다. 즉 예수님으로 인해 살

수 있습니다. 예수님으로 인해 호흡합니다. 예수님으로 인해 느낄 수 있습니다. 예수님으로 인해 존재할 수 있습니다. 왜냐하면 예수님이 생명이기 때문입니다.

그러므로 우리는 길과 진리, 생명되신 예수님을 “도’ 믿는 자가 아니라 “만” 믿는 자가 되어야 합니다. 타협은 없어요. 예수님도 믿는 자가 아닌 예수님만 믿는 자! 우리는 예수님만 믿어야 합니다.

생각하기 그리고 내 삶을 위한 흔적 남기기

1. 예수님을 더 잘 믿기 위해 여러분이 하는 믿음의 행동은?

2. 여러분에게 예수님은 어떤 분이신가요?

믿음의 제사, 믿음의 예배

"믿음"이란 말은 성경 창세기 15장 6절에 처음 나옵니다. 하나님께서 먼저 말씀하십니다. 당시 아브람은 자녀도 없었습니다. 대를 이을 수 없는 자녀가 생기지 않고 오랫동안 생기지 않는 상황이었죠. 하나님이 이에 별처럼 많은 자손을 주신다고 말씀하십니다. 이에 대한 아브람의 반응이 포인트에요.

"아브람이 여호와를 믿으니 여호와께서 이를 그의 의로 여기시고"

-창 15:6-

Abram believed the LORD,
and he credited it to him as righteousness.

-Genesis 15:6-

아니, 그걸 믿었다고 합니다. 하나도 아니고 별처럼 많은 자손을 주신다는 말씀에 바로 '믿으니'라고 되어있어요. 여기서 더 은혜가 되는 것은 아브람이 하나님을 찾은 것이 먼저가 아니고 하나님이 먼저 아브람에게 임하셔서 말씀하셨다는 사실입니다. "두려워하지 말라. 나는 네 방패다.

너의 큰 상급이다." 이렇게 하나님께서 먼저 찾아와 친히 직접 말씀해 주시는 은혜가 아브람에게 있었다는 것에도 큰 의미가 있습니다. 성경을 보면 NIV버전을 봐도, 킹제임스버전을 봐도 하나님께서 "여기시다"는 영문으로 'credited: 인정하다', 'counted: 헤아리다', 'reckoned: 여겨지다' 등으로 다양하게 번역되어 있지만 '믿음'을 의미하는 'believed'와 '의'를 의미하는 'righteousness'는 바뀌지 않는다는 것을 알 수 있어요.

믿음으로 인해 가장 큰 사건은 가인과 아벨로 인해 나오는 장면입니다. 당시 창세기에 나오는 내용으로만 보면 왜 하나님께서 가인의 제사는 안 받으시고 아벨의 제사만 받으셨는지 자세히 나오지는 않습니다. 창세기 4장에는 가인이 그로 인해 분하고 안색이 변했고 하나님으로부터 책망을 받죠. 그리고 가인이 아벨을 쳐 죽입니다.

1966년 월드와이드 박스오피스에서 1위를 한 영화는 바로 《천지창조》입니다. 제가 아주 어렸을 적엔 TV에서 틀어주기도 했고 교회에서 보여주기도 했습니다. 저도 본 기억이 있어요. 이 영화를 보면 가인과 아벨의 제사 장면이 나오는데 가인은 곡식으로 제사를 드리는 도중 처음 드렸던 것을 잠시 고민한 후 자신의 두 손으로 다시 퍼내어 하나님께 드린 것을 덜어내는 장면으로 표현했습나다. 어린 마음에 이것으로 가인의 제사를 안 받으시고 아벨의 제사를 받으셨는지 이게 이유의 전부인지 이해할 수 없었어요. (물론 충분히 감독이 어떤 의도와 목적으로 연출했는지는 짐작할 수 있을 만큼 잘 표현했습니다.) 다만 나중에 신약을 통해 자세하게 알게 되었습니다. 하나님께서 가인의 제사는 안 받으셨고 아벨의 제사는 받으셨는지 히브리서를 보면 알 수 있어요.

"믿음으로 아벨은 가인보다 더 나은 제사를
하나님께 드림으로 의로운 자라
하시는 증거를 얻었으니 하나님이 그 예물에 대하여 증거하심이라 저가
죽었으나 그 믿음으로써 오히려 말하느니라"

-히브리서 11:4-

결과적으로 보면 아벨은 믿음으로 제사를 드렸더니 죽임을 당했습니다. 이 죽음은 핍박일까요? 이 죽음은 저주일까요? 이 죽음이 실패일까요? 아닙니다. 아벨이 얻은 것은 "의로운 자라는 증거"임을 기억해야 합니다. 위의 아브람도 하나님께서 믿음으로 인해 아브람을 '의'로 여기셨어요.

우리가 예배를 드릴 때 믿음으로 드려도 아벨처럼 큰 화를 당할 때가 있습니다. 또 아벨을 잃은 부모인 아담과 하와의 마음은 어떠했을까요? 아들을 잃은 부모의 심정은 이루말 할 수 없을 것입니다. 더욱이 형이 동생을 죽였다는 사실 또한 받아들이기 힘든 일이었을 것입니다. 믿음을 가지고 예배를 잘 드린다고 해서 세상에서 말하는 복을 누리지 못할 수도 있습니다. 힘든 일을 당할 수도 있어요. 막막한 상황에 처하기도 합니다. 답답한 지경을 만날 수도 있습니다.

성경에서 가장 마지막에 '믿음'이 언급된 구절은 요한계시록 13장 10절에 나옵니다.

"사로잡힐 자는 사로잡혀 갈 것이요 칼에 죽을 자는
마땅히 칼에 죽을 것이니 성도들의 인내와 믿음이 여기 있느니라"

-요한계시록 13:10-

여기서도 알 수 있지만 믿음으로 인해 사로잡히거나 칼에 죽임을 당하기도 한다고 나와있습니다. 그럼에도 불구하고 우리는 믿음을 놓을 수가 없습니다. 우리는 믿음을 버려서는 안 됩니다. 왜냐하면 믿음의 끝은 도리어 생명이기 때문입니다. 믿음의 끝이 영광이기 때문입니다. 믿음으로 인해 받은 구원으로 인해 우리는 천국 백성이 될 수 있기 때문입니다. 만약, 믿음의 결과가 죽음이라면 믿음의 결과가 절망이라면 제가 여기에 언급할 수도 없고 믿으라고 전할 수도 없어요. 다시 강조하지만, 믿음의 결과는 생명입니다. 믿음을 심으면 생명을 얻는다는 것. 죽음인 것처럼 보이지만 실상은 생명이에요. 혹시, 여러분의 믿음으로 인해 가장 가까운 사람에게 핍박을 받은 적이 있나요? 배신을 당한 적이 있습니까? 미움을 당한 적이 있나요? 그것은 잠시임을 잊지 마세요. 그 고통과 힘듦이 결코 길지 않습니다. 결국 의인으로 칭함받은 우리는 믿음으로 말미암아 삽니다.

여러분은 세상에 또는 자녀에게 후손에게 남길 것이 있다면 무엇을 남길 것인가요? 전할 것인가요? 우스갯소리 중 하나로 아이들에게 "장래희망은 무엇인가?"라고 물으면 대답으로 "재벌 2세요"라고 해요. 근데 "근데 아빠가 재벌이 아니에요."라고 덧붙입니다. '호랑이는 죽어서 가죽을 남기고 사람은 죽어서 이름을 남긴다.'라는 속담이 있죠. 여러분은 속담처럼 죽은 후손에게 이름을 남길 것인가요? 나의 이름이 어떤 영향이 있다고 이름을 남긴단 말인가요? 여러분 제발, 믿음을 남겨주시길 바랍니다. 신앙의 유산을 물려주시길 바랍니다. 만약에 모든 것을 측정할 수 있는 저울이 있다면 한쪽에는 세상의 모든 눈에 보이는 가치들, 눈에 보이지 않는 가치들을 다 모아서 올려놓고 다른 한쪽에 예수 그리스도를 나의 구원자로 믿는 믿음을 올려 놓는다고 합시다. 믿음의 무게가 훨씬 클 것입니다. 세상의 모든 가치의 부피가 아무리 커보여도 저울은 믿음으로 기운다.

유튜브에서 한 90세 할머니와 손자가 하는 대화를 본 적이 있습니다.

Q: "아들 이름이 뭐에요?",

A: "몰라"

Q: "사는 곳, 주소가 어디에요?"

A: "글쎄",

Q: "그럼, 저는 누군지 아세요?"

A: "누구세요?"

하지만 마지막 질문에서 반전이 있습니다.

Q: "예수님은 누구신가요?"

A: "나의 구원자, 나를 사랑하시는 분."

여러분에게 100% 믿음, 확고한 믿음, 큰 믿음, 타협없는 믿음, 절대 믿음이 있길 바랍니다. 예수님이 우리의 전부이십니다.

생각하기 그리고 내 삶을 위한 흔적 남기기

1. 여러분은 자녀에게 또는 세상에 무엇을 남기고 싶나요?

제12장

말씀을 통해 예수님처럼 **살아가기**

말씀 묵상이 우리에게 주는 유익

명상과 묵상의 차이를 아나요? 이번에 새롭게 안 사실이지만 '명상'이란 말을 사전적 정의로 검색을 하니 한자가 두 개가 나오더라고요. 하나는 '눈감을 명'을 쓰는 명상(瞑想), 다른 하나는 '어두울 명'을 쓰는 명상(冥想)입니다. 눈을 감으면 깜깜해지니 명상은 어둠과 연관이 있는 듯 합니다. 관련 이미지를 찾아보니 대부분 좌선하는 자세의 사람들 모습의 사진이 나옵니다. 명상은 고요히 눈을 감고 잡생각을 하지 않는 것이라 하며 종종 마음을 깨끗이 하고 스트레스를 줄이며 휴식을 촉직(促織)시킨다고 합니다. 명상은 가지고 있는 고민이나 걱정, 풀지못한 과업, 일, 가정사 등을 내 안에서 꺼내 버리고 비우는 것이 가장 큰 목적이고 역할입니다.

묵상(默想)은 '잠잠할 묵'을 한자로 씁니다. 사전적 정의로는 "특정 대상을 깊게 생각하는 행위이며 종교적인 의미는 기도 및 명상을 하는 방법 중 하나"라고 합니다. 제 기준으로 앞의 말은 맞고 뒤의 말을 동의할 수 없습니다. 명상을 하는 방법 중 하나가 아니고 온전히 하나님께만 집중하고 몰입을 하는 것이 묵상이기 때문입니다. 주님의 말씀을 듣기 위해 준비하고 듣고 신앙적 결단과 깨달음을 얻는 것이 포인트라고 생각합니다. 즉, 명상의 큰 범위 안에 묵상이 들어가 있는 것이 아니에요.

현대 사회에 명상이 유행합니다. 모두가 '물질적으로 부족하다', '못 산다'라고 이야기를 하나 우리 사회는 풍족합니다. 소득이 증가했고 건물들이 들어섰습니다. 외제차, 고급 세단이 도로를 질주합니다. 거의 모든 사람들이 스마트폰을 사용하고요. 이것은 무엇을 의미하냐면 잘 못 먹고 즉, 생활이 궁핍했을 때는 우리 모두가 물질적 풍요를 위해 달려갔고 달려왔습니다. 넓은 집으로 이사를 가기 위해 노력했어요. 좋은 차를 타기 위해 돈을 벌었습니다. 승진을 하기 위해 일에 매달렸고 연봉을 높이기 위해 자기계발을 해왔습니다. 그러다 '웰빙'이 유행을 탔습니다. 몸에 좋은 것을 먹기 위해 정보를 수집했어요. 맑은 공기와 깨끗한 물이 있는 곳에서 일정기간 살기도 했습니다. 웰빙이란 "건강을 챙기고 식품, 의류, 가전, 주택, 서비스, 보험 등등 소비생활의 전반에 걸쳐 삶의 만족을 갖는 상태"를 의미하는데 이것 또한 과거의 트렌드가 되었습니다. 그런 와중에 명상은 웰빙의 유행이 지나고 힐링이 트렌드로 자리 잡을 때도 여전히 사람들이 추구하고 하는 사람이 많아졌습니다. '욜로', '소확행' 등과도 직·간접적으로 연결이 되는데 마음의 행복을 우선하며 찾는 사람들이 생겨났어요.

고인(故人)이 된 가수 신해철이 작사 작곡한 《나에게 쓰는 편지》라는 노래가 있습니다. 중간에 나오는 가사를 보면,

> 전망 좋은 직장과 가족 안에서의 안정과 은행 구좌의 잔고액수가
> 모든 가치의 척도인가 돈, 큰 집, 빠른차, 여자, 명성, 사회적 지위
> 그런 것들에 과연 우리의 행복이 있을까

이 노래는 1991년에 발매된 노래인데 이것은 무엇을 의미하냐면, 당시 시대상, 사회상을 반영한 것입니다. 지금도 여전합니다. 다들 직장, 잔고, 집, 차, 명성 등을 추구하며 사는데 거기에 과연 행복이 있냐고 반문하는 것이죠. 이런 사회 속에서 우리에게 필요한 것은 과연 무엇일까요?

사람들은 복잡하고 혼잡하며 엉켜있는 마음을 정리하길 원합니다. 어지럽힌 공간을 청소하듯 마음 또한 정리정돈하고 버릴 것은 버려 비워내고 싶어합니다. 사람의 노력으로 비워내고 깨끗하게 하는 것은 한계가 있습니다. 완전하게 할 수가 없어요. 하지만 하나님은 하실 수 있습니다. 아니 하나님만이 가능하십니다.

올바른 묵상은, 시간과 장소를 정하여 매일 하나님을 개인적으로 만나는 시간이며, 말씀을 통하여 나를 향하신 하나님의 음성(뜻하심, 계획)을 듣고 삶에 적용함으로 삶의 변화와 성숙을 통해 예배를 회복하고자 하는 경건의 훈련입니다. 하나님을 생각하는 것, 하나님을 그리워하는 것, 하나님의 뜻을 상상하는 것이 참된 묵상입니다.

묵상이란 단어를 구글링하면 관련 이미지가 '바다를 바라보는 모습', '어딘가를 오랫동안 응시하는 모습', '서있기도 하고 앉아있기(다양한 자세) 모습', '책은 손에 들고 눈을 감고 벽에 기댄 모습' 등이 뜹니다. 즉, 바다를 바라보지만 '하나님을 바라보는 것'입니다. 산 위를 응시하지만 내 시선을 하나님께 두는 것입니다. 서있을 때도 하나님의 뜻을 구하는 것이고 책에서도 하나님의 계획을 발견하는 것입니다. 눈을 감았을 때 하나님의 인도하심을 구하는 기도를 하는 것이며 벽에 기대서도 앉아서도 하나님만 생각하는 것이 묵상입니다.

여의도순복음교회에서 파송되어 지금도 케냐에서 사역하시는 임은미 선교사님은 "묵상이 이전에는 적용으로 끝났는데 이것이 다가 아니었다"라고 했어요. 묵상은 "하나님이 나를 사랑하신다"고 깨닫는 것이 이유라고 강조합니다. '읽깨적:읽기 깨닫기 적용하기'가 아니라 그 이상이 묵상의 방법입니다. 목적입니다. 의미입니다. '하나님께서 나를 사랑하신다'로 시작해서 '하나님께서 나를 사랑하신다'고 끝나는 것, 이것이 바로 묵상이라고요.

손기철 장로님은 흔히 사람들이 하는 묵상의 잘못된 점을 아래와 같이 이야기했습니다.

"말씀을 묵상하고 시대상황과 해석하고 그렇다면 '나는 오늘 어떻게 살아야 하는가?'라고 결론을 내리는데 이것은 '하나님 무한함'이 '나는'으로 완전히 제한되는 것입니다. 내 안에 계신 하나님이 나를 통해 그 일을 어떻게 오늘도 이루실 수 있을까로 봐야하는데 내가 읽고 내가 내 삶에 적용하는 것으로 결론을 맺는다는 것은 잘못입니다."라고 하셨습니다.

"복 있는 사람은 악인들의 꾀를 따르지 아니하며
죄인들의 길에 서지 아니하며 오만한 자들의 자리에 앉지 아니하고
오직 여호와의 율법을 즐거워하여 그의 율법을 주야로 묵상하는도다"
-시편 1:1,2-

악인이 되지 않고 죄인이 되지 않으며 오만한 자들과 같이 되지 않으려면 하나님의 말씀을 주야로 묵상하는 사람이어야 합니다. 밤낮으로 항상 말씀과 함께 하는 것이 바른 묵상이 됩니다.

요즘, 중학교 2학년 남학생과 생명의 말씀사에서 출판한 《JESUS CALLING》라는 책으로 일일말씀 묵상을 하고 단톡방의 묵상의 흔적을 남겨주면 그것에 대해 댓글을 달아주며 함께 은혜를 공유하고 있습니다. 그 중 하나를 살펴보면,

> "그러므로 우리가 낙심하지 아니하노니 우리의 겉사람은 낡아지나 우리의 속사람은 날로 새로워지도다"
>
> -고린도후서 4:16-

중2 학생이 이 말씀에 이렇게 글을 공유해 주었습니다. "주님, 우리에게 환난과 고난이 닥쳐올 때가 있습니다. 하지만 이 모든 일은 주님을 올려드리기 위한 것입니다. 또한 시험을 견뎌낼 때마다 새로운 사람이 될 것을 믿습니다."라고 올려주었어요. 이에 저는 다음과 같이 댓글로 은혜를 나눴습니다. "오! 주님, 이 시험의 과정이 힘들고 고단합니다. 어렵고 지칩니다. 주님! 우리의 손을 잡아주세요. 일으켜 주세요. 이끌어 주세요. 앞에서도 끌어주시고 뒤에서도 밀어주세요."

아이가 매일 묵상하는 이 모습과 시간, 흔적으로 남기는 행동 이 모든 것이 너무 귀합니다.

말씀으로 하루를 시작하고, 그 말씀을 붙잡고 하루를 지내며 온전히 말씀과 함께한 하루를 또 하나의 예배로 하나님께 드리는 삶. 여러분에게도 있길 소망합니다.

하나님의 말씀을 항상 마음에 기억하는 것, 마음에 담겨지는 것, 담아두는 것이 묵상입니다. '실제적인 삶의 모습 속에서 주님과 함께하는 것이 묵상의 개념입니다. 지금 말씀을 묵상하세요.

생각하기 그리고 내 삶을 위한 흔적 남기기

1. 여러분이 생각하는 말씀 묵상의 유익은 무엇입니까?

2. 현재 언제, 어떻게, 무엇으로 말씀을 묵상하고 있나요?

쓰기의 힘, 더군다나 말씀을?!

쓰기는 어떤 역할을 할까? 쓰기는 어떤 힘을 가지고 있을까요?

쓰기는 특정한 구문을 이용하여 의도적으로 무언가를 적는 것을 말합니다. 이는 기호나 상징(문자)을 이용하여 언어를 표현하는 일입니다. 필기(筆記)라고도 하죠. 역사적으로 사람들은 석판, 종이, 벽, 디스플레이에 이르기까지 여러 표면 위에 무언가를 적어 왔습니다.

모차르트와 베토벤은 악보를 수 차례 베끼는 활동을 했다고 합니다. 피카소도 마찬가지고요. 그는 어릴 적부터 많이 시간을 쓴 활동은 명작을 베껴 그리기였다고 합니다. 권투선수이자 건축가인 안도 다다오(건축 전문교육을 받지 않았지만 세계적인 건축가가 된 일본인)는 건축을 독한 한 방법으로 르 코르뷔지에(스위스·프랑스 건축가, 20세기 가장 영향력 있는 건축가 중 한 명으로 세계 각지에 남긴 건물들 중 7개국 17개 건물이 2016년 유네스코 세계유산에 공동 등재됨)의 도면을 베끼고 또 베꼈다고 합니다. 즉, 대단함을 따라하면 대단함을 얻게 되고 위대함을 따라하면 위대함을 얻게 되는 것이죠.

인간은 기록을 통해 다른 동물들과 다르게 생각을 남기고 발자취를 남겨 후손들에게 전달합니다. 이것이 문명이 되고 발전의 근간이 됩니다. 옛날에는 돌에 새기다가 무겁고 불편하니 흙판에 그림을 그리는 단계가 되고 그림이 문자가 되었습니다. 언어가 기록되고 후대에 역사를 알려주고있다는 점은 기적입니다. 기록이 없다면 지금까지 무슨 말을 하고 사회에 어떤 기여를 했는지를 전혀 알 수가 없었을 것입니다.

우리나라는 기록에 대해 큰 업적을 남겼고 남기는 나라입니다. 유네스코 세계기록유산으로 18건(1997년 훈민정음 해례본부터 2023년 4.19혁명 기록물 등)을 등재하였는데 이는 세계 5위, 아시아에서는 1위에 해당해요. 유네스코에서 세계의 기록과 기록물에 얼마나 큰 의미를 부여했길래 이런 작업을 할까요? 이는 기록물이 당시의 사람들에게 여러 가지로 도움이 되었거나 후세에 알릴 만한 가치가 있다고 여기고 더불어 이전 세대의 사람들이 어떤 생각으로 이런 글들을 전하려 했을까는 의미가 있기 때문에 이러한 기록물을 전세계가 같이 보호하고자 할 가치가 있다고 여겨서 등재·등록한다고 생각합니다.

'기록하지 않는다면 기억되지 않는다.'라는 말이 있어요. 누가 한 말일까요? 제가 한 말입니다. 저는 수업할 때 프로그램 진행할 때 학습법(필기)에 대해 설명할 때 빼먹지 않고 하는 말입니다. 듣는 것만으로는 한계가 있습니다. 사람은 들으면 잊어버려요. 쓰지 않으면 남지 않습니다.

기록관리전문가인 국회기록보존소 김장환 기록연구관은 2020년 6월 3일 한겨레 신문을 통해 다음과 같이 말했습니다.

Q: "기록관리가 우리 사회에서 필요한 이유는 무엇일까요?"

A: "기록은 업무활동의 증거가 되기 때문에 권력자들이 밀실 정치를 하지 못하게 막아주는 역할을 합니다. 두 번째로는 기록이 역사의 진실을 규명하는 도구가 된다는 점이고요. 예를 들어 과거사위원회나 진실화해위원회 등에서는 과거사 조사를 통해 잘못된 점을 바로잡기 위한 노력을 해왔죠. 그만큼 기록은 우리 국민들의 권리를 구제하기 위한 강력한 수단이 됩니다. 마지막으로 지식관리 측면이에요. 저도, 여러분도, 우리 모두 누군가가 남긴 기록을 활용해서 지식을 얻게 됩니다. '기록이 없으면 역사도 없다'는 말이 있어요. 기록관리는 우리 스스로의 손으로 역사를 만들어가는 과정이기 때문에 사회에 반드시 필요한 일이라고 생각해요."

더군다나 하나님의 말씀을 쓴다? 이것은 어떤 유익이 있을까요? 저희 어머니는 컴퓨터로 필사를 하시고 저희 장모님은 공책에 필사를 하십니다. 어제도 하셨고 오늘도 하시고 내일도 하실 것입니다.

제 어머니인 지헌덕 권사님의 성경 필사 이야기는 이전의 책 《5성을 갖춘 크리스천》에 나와 있어 이번엔 장모님인 이정순 권사님께 전화를 걸어 인터뷰 형식으로 여쭤보았습니다.

Q: 장모님, 성경 쓰기는 언제 어떻게 쓰시나요?
A: 하루에 수시로 쓰지. 시간을 정해놓고 쓰는 건 아니고 시간이 날 때마다 써. 바쁘면 조금 쓰고 안 바쁘면 계속 써.
Q: 성경 쓰기로 인해 어떤 은혜를 받으시나요?
A; 전에 한 권을 다 쓰니 평생의 기도 제목 중 하나가 응답되었어. (처남의 회심) 그래서 쓸 때 '기도가 응답된다'라는 믿음을 가지고 쓰고, 이후에 기도하는 마음으로 써. 응답을 받겠다라는 확신을

가지고 쓰지.

Q: 성경쓰기는 어떻게 시작하게 되셨나요?

A: 내가 매일 철야예배를 다닐 때 간증을 들었어. 어떤 권사님이 아들 둘을 키우는데 신앙생활 안 하고 말썽부리고 힘들게 해서 아들들을 주님께로 돌아오게 해달라는 기도의 제목이 있었는데 이때부터 성경쓰기를 시작했다고. 한 권 다 쓰고 다니 아들들이 돌아오는 응답을 받게 되었다고 해. 그래서 나도 쓰기 시작했지.

장모님은 80세의 고령이십니다. 손이 굳으셔서 한 글자 쓰는 것도 오래걸려요. 시력도 나쁘시기에 돋보기를 써야 성경이 보입니다. 성경을 보고 공책에 옮기는 이 반복의 작업 자체가 힘겹습니다. 하지만 하세요. 왜냐하면 이것이 기도이고 응답받는 비결이기 때문입니다. 하나님을 만나는 과정이고 하나님의 뜻을 알아가는 행위이기 때문이죠.

성경쓰기운동본부 홈페이지에 나온 필사의 은혜는 다음과 같습니다.

- 성경을 한 번 쓰는 것이 열 번 읽는 것보다 효과가 크다.
- 성경을 자필로 쓰면서 말할 수 없는 은혜와 기적을 체험한다.
- 성경을 쓰면 말할 수 없는 행복과 평안을 느끼게 된다.
- 성경을 자필로 쓰면 이전에 깨닫지 못했던 말씀을 깨닫게 된다.
- 성경을 필기하여 믿음의 유산으로 자손들에게 가보로 남길수 있다.
- 성경을 쓰면 장수의 축복을 누리게 된다.

은혜, 기적, 행복, 평안, 깨달음, 믿음의 유산, 장수의 축복 등을 사모하나요? 그럼 지금 바로 성경을 쓰세요.

생각하기 그리고 내 삶을 위한 흔적 남기기

1. 요즘 여러분이 쓰고(기록) 있는 것이 있다면 그것은 무엇입니까?

말씀대로, 주님의 뜻대로 살아가기

우리는 말씀대로 살아야 합니다. 우리는 말씀처럼 살아야 합니다. 우리는 말씀을 근거하여 살아야 합니다. 우리는 말씀에 의지하여 살아야 합니다. 우리는 말씀을 실천하며 살아야 합니다. 우리는 말씀을 전하며 살아야 합니다. 말씀은 곧 하나님이시고 말씀이 하나님이십니다.

뜻이란, "어떤 일에 대해 마음속에 품고 있는 생각"이나, "어떤 일을 하고자 하여 가지는 마음이나 바람"을 의미합니다. 우리가 일평생 '마음속에 무엇을 품고 있습니까?', '어떤 일을 하고 할 때 갖는 마음가짐은 무엇인가요?' 그것은 바로 하나님 말씀입니다.

다음은 6월 10일 쓴 제 SNS 일부입니다.

초등학교 6학년 서○○이
토요일 수업 전
나를 찾아와서 질문을 했다.

서○○ : 선생님. 궁금한거 있어요.

나 : 어? 뭔데!? 뭐가 궁금할까?

서◯◯ : 하나님도 화를 내셨잖아요. 분노하시고 무섭게 하시고.. 우리 부모님도 화를 내실 때가 있는데 그것은 우리 할아버지 할머니한테 학습된 것을 저한테 하실 때가 있다고 생각하는데,

하나님은 부모님도 없고 배운 적도 없는데 어떻게 화를 내시고 분노하시고 그러셨나요? 하나님 이전엔 뭐가, 누가 있었던 건가요?

나 : 우와!? 굉장히 깊이 있고 답변하기 어려운 질문이다. 이런 질문을 하는 네가 정말 우선은 대단하다. 우선 두 가지로 설명해 줄게.

첫 번째, 하나님은 "나는 스스로 있는 자"라고 하는 장면이 있어. 이걸 영어로 보면 "I am that I am" 즉 "나는 나다."라는 뜻이야. 하나님은 처음이자 마지막이기도 해. 하나님은 누가 만들어낸 창조물도 아니고 부모가 낳은 자식도 아니야. 처음부터 계셨고 마지막까지 계실 스스로 계신 분이야. 하나님은 그런 분이야. 그러니 너의 말처럼 학습을 받을 필요도 없고 학습을 해줄 누군가도 없었던 거지.

두 번째, 하나님은 왜 화를 내셨는가? 무섭게 하셨는가?에 대한 답인데, 구약에는 복음전파의 과정이 하나님의 역사하심을 보고 '하나님만이 참 신이구나'라고 깨닫고 돌아오는 형태였어. 하나님을 잘 믿은 이스라엘 백성이 전쟁에서 이기도 잘 되는 것을 보면 '아! 이스라엘이 믿는 섬기는 하나님이 진짜 하나님이야. 진짜 신이야.'라고 깨닫고 돌아오는 거지. 반대로 이스라엘 백성이 하나님을 외면하고 잘 안 믿으면 그 주신 것도 빼앗기고 전쟁에서 지고, 저주를 받기도 해. 그러면 '이스라엘 백성들이 하나님을 섬기지 않음으로 벌을 받는구나', '화를 받는구나'라고 이스라엘

사람들과 그것을 지켜보는 다른 사람들도 알게 되는 거지. 이래서 구약에선 노하시는 하나님의 모습이 나와. 하지만 예수님이 오신 이후로 바뀌었어. 복음을 전하는 방식이 바뀌었지. 우리를 위해 죽으시고 부활하신 예수님을 믿기만 하면 구원을 받게되고 하나님을 알게되는 것으로, 즉 복음을 우리가 밖으로 전하는 형태로 바뀌게 되었어. -중략-

즉, 복음을 전파하는 방식은 두 가지입니다. '말씀대로 사는 것을 보고 하나님을 알게 되기'와 '말씀대로 사는 사람이 전하는 하나님을 믿기'입니다. 내가 바르게 살지 않으면서 남에게 바르게 살라고 이야기 할 수 없어요. 더욱이 그렇게 가르치거나 말을 한다고 해서 들은 사람이 그 이야기나 말을 따르지 않습니다. 듣지 않아요.

예수님께선 제자들의 발을 씻겨주셨습니다. 섬김의 본을 보이신 것입니다.

예수님께선 기도하셨습니다. 새벽에 일어나 기도하시고 하루일과가 끝난 후에도 기도하셨습니다. 보리떡 다섯 개와 물고기 두 마리를 들고 기도하셨습니다.

예수님께선 용서하셨습니다. 베드로는 세 번 이나 예수님을 모른다고 부인했지만 베드로를 용서하셨어요.

예수님께선 시험을 이기셨습니다. 40일 금식 후 사탄에게 시험을 받으셨으나 말씀으로 이기셨어요.

예수님께선 겸손하셨습니다. 그는 하나님의 본체셨지만 하나님과 동등됨을 취할 것으로 여기지 아니하셨습니다.

예수님께선 정직하셨습니다. 예수님은 많은 핍박과 고통에도 거짓을 행하거나 말하지 않으셨다. 사람들의 조롱과 배신에도 정직하셨습니다.

예수님께선 온유하셨습니다. 성전에서 장사하는 자들의 상을 엎으신

적 말고는 분노를 표출하신 적이 없으십니다.

"나는 마음이 온유하고 겸손하니 나의 멍에를 메고 내게 배우라
그리하면 너희 마음이 쉼을 얻으리니"

-마태복음 11:29-

제자들은 아이들을 꾸짖었지만 예수님은 아이들을 축복하셨습니다.

"예수께서 그 어린 아이들을 불러 가까이 하시고 이르시되
어린 아이들이 내게 오는 것을 용납하고 금하지 말라 하나님의 나라가
이런 자의 것이니라"

-누가복음 18:16-

예수님께선 사랑을 베푸셨습니다. 사람들이 모두 싫어하는 삭개오와 예수님은 함께하셨습니다. 삭개오는 새사람이 되었어요.

예수님께선 사명을 다하셨습니다. 십자가에서 우리의 죄를 위해 죽으셨습니다. 그리고 부활하셨어요.

예수님께선 승리하셨습니다. 죽음을 이기셨습니다. 다시 오실 것을 약속하셨어요.

말씀을 통해 배우세요. 말씀을 의지하세요. 말씀을 듣고 말씀대로 행하십시오. 예수님처럼 사세요. 우리가 예수님처럼 산다면 우리를 보고 사람들이 구원의 자리로 돌아올 것입니다. 예수님처럼 사는 우리가 복음을 전한다면 그들이 주님께로 돌아올 것입니다. 그 귀한 자리에 우리 모두가 쓰임받길 간절히 원합니다. 우리 모두 주님 오실 그날까지 주어진 사명을 다하며 삽시다. 주님이 함께 하십니다.

생각하기 그리고 내 삶을 위한 흔적 남기기

1. 여러분이 닮고 싶은 예수님의 성품은 무엇인가요?

2. 가장 위로가 되고 힘이 되는 성경구절은 무엇인가요?

에필로그

본래 책을 구성할 때 '서론-본론-결론'으로 하거나 '기-승-전-결'로 구성합니다. 이전에 제가 썼던 책 또한 3권은 문제점을 제시하고 현재 상황이 어떤지 언급한 다음 이대로 진행되면 어떻게 될지 예측합니다. 마지막 그에 따라 해결책과 비전을 제시하는 형태로 썼습니다. 하지만 이번 책은 시작부터 결(結), 맺음으로 12장을 구성했습니다. 그렇게라도 강조하고 싶었어요.

하나님의 말씀을 근거하기 위해 찾을 때마다 읽어보니 새로운 은혜가 되었습니다. 저도 날마다 유혹을 받고 늘 시험을 만납니다. 그렇다면 결과는? 주님으로 인해 승리죠. 예수님 때문에 기쁨입니다. 과거에 겪었던 비슷한 고민을 만날 때도 있고요, 다른 사람에게 들었던 시험들을 저도 마주할 때가 있습니다. 예측하지 못한 상황으로 생각지도 못한 일을 만날 때도 있습니다. 이렇게 문장이 끝난다면 이 글을 쓰지 못했습니다. 여러분에게 말하지 못했을 거에요. "그럼에도 불구하고"를 써야 이야기가 이어집니다. 저도 고난을 겪었습니다. 그럼에도 불구하고 저는 평안합니다. 예수님 때문에 그렇습니다.

성경에 나오는 수 많은 인물들, 설교에 인용되는 많은 사람들. 우리가 본받고 나도 그렇게 될 것이라 믿고 또 그렇게 되게 해달라고 소망을 두고 기도하지만 요셉처럼 모함받고 감옥에 갈 수 있는지 자문해 봅시다. 예배를 잘 드렸더니 가인같은 누군가가 쳐 죽이는 핍박이 있을 수도 있습니다. 노아처럼 말씀에 순종했더니 사람들이 비웃을 때도 있겠죠. 다니엘은 기도를 했더니 사자굴에 갇혔어요. 다니엘의 세 친구는 풀무불에 들어갔어요. 저에게도 물어봅니다. 예수님 때문에 그렇게 될 수도 있는데 할 수 있냐고. 그래서 날마다 기도합니다. 주님을 믿는다는 것은 주님을 따른다는 것은 단순히 성공과 이 세상의 안녕을 위해서 믿는 것 아니라고요. 이 신앙이 흔들리지 않도록 성령 하나님께 도와달라고 기도합니다.

저는 죄인입니다. 하지만 예수님 때문에 용서받은 죄인입니다. 의인이라 칭함받게 되었습니다. 날마다 넘어지지만 날마다 일어납니다.

여러분, 자신만의 이야기를 써서 인생을 채우시고, 여러분이 겪는 고난과 시련은 지나가는 소나기로 여기세요. 우리 모두 각자가 꿈의 꼭대기를 오르고 두려워하던 일은 용기있게 부딪혀 봅시다. 포기하지 않고 끈기있게 매달립시다. 나는 유일하고 필요한 공기같은 존재임을 자각하시며 해야 할 일은 미루지 말고 내가 서 있는 여기서 시작하세요. 여러분이 겪는 모든 걱정과 고민은 연기처럼 사라지니 자신만의 무기로 세상과 맞서시고 예수님과 함께 예수님만 믿으며 예수님처럼 살아가세요.

부탁으로 된다면 부탁으로 합시다. 설득이 된다면 그걸로 해요. 설명이 필요하다면 설명으로 할게요. 회유? 간청? 당부? 요구? 이 세상에서 전달할 수 있는 모든 어휘와 언어적 수단을 써서라도, 모든 표현을 동원해서라도 예수님이 사랑이시고 우리는 사랑하신다는 진리를 믿고 알게 된다면 그렇게 하고 싶습니다. 여러분, 예수님이 당신을 사랑하십니다. 여러분을 위해 죽으시고 부활하셨습니다. 예수님이면 다입니다. Jesus is everything. Jesus is perfect. Amen

참고자료

신문

"직접경험과 간접경험" / 검돌_독서신문 2014. 2. 11
"2년의 슬럼프, 방향 잃었다" / 김예솔 기자_조선일보 2020. 10. 2
"목표 달성 후 경쟁력 유지에 필수"_매거진 한경 2010. 3. 5

도서

《자기혁명》 / 박경철_리더스북
《역사의 쓸모》 / 최태성_다산초당
《살아갈 날들을 위한 공부》 / 톨스토이_조화로운 삶
《시야는 넓게 하기, 시선은 고정하기》 / 이장욱_창조와 지식
《동물들은 새끼를 어떻게 돌볼까요?》 / 파블라 하나치코바_씨드북

영화

《록키III》 / 실베스터 스탤론 1982
《천지창조》 / 존 휴스톤 1966

TV

《다큐 3일》_"서민들의 인생 분기점 구로역"_KBS 2008. 7. 19
《개그콘서트》_ "심곡파출소"_KBS 2024. 6.; 9

삶에 기반이 되는
열두 가치

1판1쇄 2024년 9월 12일

저자 이장욱
발행인 이경화

발행처 디자인21
주소 04560 서울특별시 중구 퇴계로 293-1 3층
전화 02-2269-6561(대)
팩스 02-2269-6568
이메일 21publish@naver.com
블로그 https://blog.naver.com/publish21
인스타 https://www.instagram.com/21publish.co.kr
홈페이지 https://21publish.co.kr

등록번호 제1-1128호
등록일자 1991.2.12

ISBN 978-89-6131-156-4 03810

정가 16,000원